爾雅

附　音序 筆畫 索引

中華書局

圖書在版編目(CIP)數據

爾雅:附音序、筆畫索引/ —北京:中華書局,2016.6
(2024.1 重印)
ISBN 978-7-101-11835-3

Ⅰ.爾… Ⅱ.佚… Ⅲ.《爾雅》 Ⅳ.H131.2

中國版本圖書館 CIP 數據核字(2016)第 095247 號

責任編輯:杜清雨
責任印製:陳麗娜

爾 雅 附音序、筆畫索引

*

中華書局出版發行
(北京市豐臺區太平橋西里 38 號 100073)
http://www.zhbc.com.cn
E-mail:zhbc@zhbc.com.cn
高教社(天津)印務有限公司印刷

*

880×1230 毫米 1/32 · 5½印張 · 2 插頁
2016 年 6 月第 1 版 2024 年 1 月第 6 次印刷
印數:15001-16000 冊 定價:24.00 元

ISBN 978-7-101-11835-3

出版説明

我國傳統的語言文字學又稱小學，爲治經明史之基礎，其發展源遠流長，經歷了先秦的萌芽時期，到漢代出現了重要的語言學著作《爾雅》《方言》《説文解字》和《釋名》。作爲傳統語言學的奠基之作，這四部典籍爲歷代治學者所重視，爲中華文化的傳承作出了重要貢獻。當前傳統文化深受重視，許多讀者由文而史，而經，進而對上述四種小學典籍産生了很大興趣，却苦於找不到一種既有一定權威性，又便於使用的本子。有鑒於此，我們不以所謂善本、孤本爲追求目標，而選取四種經典版本加以影印，施以圈點句讀、標示字頭、編製索引，爲學界提供方便精善的讀本。

《爾雅》是我國最早的一部詞典，共十九篇，收録了豐富的普通詞語及百科名詞，大約成書於戰國秦漢之間，撰人不詳。後逐漸成爲訓詁學領域的經典著作，被視作「九流之津涉，六藝之鈐鍵」，唐文宗開成年間將《爾雅》列爲「十二經」之一。晉郭璞爲《爾雅》做注，自言「少而習焉，沈研鑽極，二九載矣」，足見其用力之深。郭注引證宏富，雜采方言，闕疑不妄，是我們閱讀研究《爾雅》的重要參考文獻。

存世宋刻《爾雅》單注本主要有三種：《天禄琳琅叢書》所收宋刊監本；《古逸叢書》所收影宋蜀大字本；《四部叢刊初編·經部》所收鐵琴銅劍樓舊藏宋刊十行本，全書分上中下三卷，每卷後附有音釋，書末有顧千里題記。此次出版即以該本爲底本。編輯過程中對一些明顯錯誤及易誤解者以編者注形式指出，供讀者參考。之中或有錯誤及不當之處，敬祈讀者批評指正。

中華書局編輯部

二〇一六年一月

目録

爾雅序

郭璞撰

夫爾雅者、所以通詁訓之指歸、敘詩人之興詠、揔絶代之離詞、辯同實而殊號者也。誠九流之津涉、六藝之鈐鍵、學覽者之潭奥、摛翰者之華苑也。若乃可以博物不惑、多識於鳥獸草木之名者、莫近於爾雅。爾雅者、蓋興於中古、隆於漢氏。豹鼠既辨、其業亦顯。英儒贍聞之士、洪筆麗藻之客、靡不欽玩耽味、爲之義訓。璞不揆檮昧、少而習焉、沈研鑽極、二九載矣。雖註者十餘、然猶未詳備、並多紛謬、有所漏略。是以復綴集異聞、會稡舊說、考方國之語、采謠俗之志、錯綜樊孫、博關羣言、剟其瑕礫、搴其蕭稂。事有隱滯、援據徵之。其所易了、闕而不論。別爲音圖、用祛未寤。輒復擁篲清道、企望塵躅者、以將來君子爲亦有涉乎此也。

初哉首基肇祖
元胎俶落權輿
林烝天帝
皇王后辟公侯
弘廓宏溥介純
夏幠厖墳嘏丕弈洪誕戎
駿假京碩濯訏宇穹壬路
淫甫景廢壯冢簡
箌昄晊將業席

爾雅卷上

郭璞注

釋詁第一　釋言第二
釋訓第三　釋親第四

釋詁第一

初、哉、首、基、肇、祖、元、胎、俶、落、權輿、始也。尚書曰、三月哉生魄。詩曰、令終有俶。又曰、俶載南畒。又曰、訪予落止。又曰、胡不承權輿。胚胎未成、亦物之始也。其餘皆義之常行者耳。此所以釋古今之異言、通方俗之殊語。林、烝、天、帝、皇、王、后、辟、公、侯、君也。詩曰、有壬有林。又曰、文王烝哉。其餘義皆通見詩書。弘、廓、宏、溥、介、純、夏、幠、厖、墳、嘏、丕、弈、洪、誕、戎、駿、假、京、碩、濯、訏、宇、穹、壬、路、淫、甫、景、廢、壯、冢、簡、箌、昄、晊、將、業、席、大也。詩曰、我受命溥將。又曰、亂如此幠。爲下國

憮厖迄臻極到
赴來弔艐格
戾懷摧詹
如適之嫁
徂逝賚貢錫
畀予貺儀
若祥淑鮮省臧嘉令
類綝彀攻穀介徽
舒*[2]業[2]順[2]
敘怡懌悅[2]欣衎喜
愉豫愷康妣般
懌愉釋賓協遹[2]
遵率循由從
遵率靖惟漠圖詢度
咨諏究如慮謨猷肇
基訪典彝

駿厖。湯孫奏假。王公伊濯。訏謨定命。有壬有林。厥聲載路。旣有淫威。廢爲殘賊。爾土宇昄章。緇衣之席兮。廓落宇宙。穹隆至極。亦爲大也。箌義未聞。尸子曰、此皆大有十餘名而同一實。憮、厖、有也。二者又爲有也。詩曰、遂憮大東。迄、臻、極、到、赴、來、弔、艐、格、戾、懷、摧、詹、至也。齊楚之會郊曰懷。宋曰屆。詩曰、先祖于摧。又曰、六日不詹。詹、摧皆楚語方言云。如、適、之、嫁、徂、逝、往也。方言云、自家而出謂之嫁、猶女出爲嫁。賚、貢、錫、畀、予、貺、賜也。皆賜與也。儀、若、祥、淑、鮮、省、臧、嘉、令、類、綝、彀、攻、穀、介、徽、善也。詩曰、儀刑文王。左傳曰、禁禦不若。詩曰、永錫爾類。我車旣攻。介人維藩。大以嗣徽音。省、綝、彀、未詳其義。餘皆常語。舒、業、順、敘也。皆謂次敘。舒、業、順、敘、緒也。四者又爲端緒。怡、懌、悅、欣、衎、喜、愉、豫、愷、康、妣、般、樂也。皆見詩。悅、懌、愉、釋、賓、協、服也。皆謂喜而服從。遹、遵、率、循、由、從、自也。自猶從也。遹、遵、率、循也。三者又爲循行。靖、惟、漠、圖、詢、度、咨、諏、究、如、慮、謨、猷、肇、基、訪、謀也。國語曰、詢于八虞。咨于二虢。度于閎夭。謀于南宮。諏于蔡原。訪于辛尹。通謂謀議耳。如、肇所未詳。餘皆見詩。典、彝、

法則刑[2]範矩庸恒
律戛職秩柯憲
範辟[2]律矩則
辜戾黃髮
覾齒鮐背耇
老允孚
亶展[2]諶[2]誠亮
詢允慎
亶謔浪笑敖
粵于爰
爰[2]粵[2]于那
都繇
敆郃盍翕仇[2]偶
妃匹會讎敵
妃[2]知儀合會
妃紹胤嗣續纂
緌績武係氣
謚溢蟄慎貉謐顗頠
密寧隕磒湮下降

法、則、刑、範、矩、庸、恒、律、戛、職、秩、常也。庸、戛、職、秩、義見詩、書。餘皆謂常法耳。柯、憲、刑、範、辟、律、矩、則、法也。詩曰、伐柯伐柯、其則不遠。論語曰、不踰矩。辜、辟、戾、皋也。皆刑罪。黃髮、覾齒、鮐背、耇、老、壽也。黃髮、髮落更生黃者。覾齒、齒墮更生細者。鮐背、背皮如鮐魚。耇猶耆也。皆壽考之通稱。允、孚、亶、展、諶、誠、亮、詢、信也。方言曰、荊吳淮汭之間曰展。燕代東齊曰諶。宋衛曰詢。亦皆見詩。展、諶、允、慎、亶、誠也。轉相訓也。詩曰、慎爾優遊。謔、浪、笑、敖、戲、謔也。謂調戲也。見詩。粵、于、爰、曰也。書曰、土爰稼穡。詩曰、對越在天。王于出征。爰、粵、于也。轉相訓。爰、粵、于、那、都、繇、於也。左傳曰、棄甲則那。那猶今人云那那也。書曰、皋陶曰都。繇、辭。於、乎、皆語之韻絕。敆、郃、盍、翕、仇、偶、妃、匹、會、合也。皆謂對合也。仇、讎、敵、妃、知、儀、匹也。詩云、君子好仇。樂子之無知。實維我儀。國語亦云、丹朱憑身以儀之。讎猶儔也。廣雅云、讎、輩也。妃、合、會、對也。皆相當對。妃、媲也。相偶媲也。紹、胤、嗣、續、纂、緌、績、武、係、繼也。詩曰、下武維周。緌見釋水。餘皆常語。氣、謚、溢、蟄、慎、貉、謐、顗、頠、密、寧、靜也。氣、顗、頠、未聞其義。餘皆見詩傳。隕、磒、湮、下、降、

墜標蘦命令禧
眕祈請謁訊誥
永2悠2迥2違
遐逷闊遠
虧壞圮垝矢雉
引延順薦劉
繹尸2旅職
尸寀寮績緒采
業服宜貫公
永羕引延
融駿喬嵩
崇2犯奢果毅
剋捷功肩
堪勝肩戡劉殺
劉獮斬刺亹亹
蠠没孟敦勗
釗茂劭勔

墜、摽、蘦、落也。磒猶隕也。方俗語有輕重耳。湮、沈落也。摽、蘦見詩。

命、令、禧、畛、祈、請、謁、訊、誥、告也。禧未聞。禮記曰、畛於鬼神。

永、悠、迥、違、遐、逷、闊、遠也。書曰、逷矣西土之人。

永、悠、迥、遠、遐也。遐亦遠也。轉相訓。

虧、壞、圮、垝、毀也。書曰、方命圮族。詩曰、乘彼垝垣。虧、通語耳。

矢、雉、引、延、順、薦、劉、繹、尸、旅、陳也。禮記曰、尸、陳也。雉、順、劉皆未詳。

尸、職、主也。左傳曰、殺老牛、莫之敢尸。詩曰、誰其尸之。又曰、職爲亂階。

尸、寀也。謂寀地。

寀、寮、官也。官地爲寀、同官爲寮。

績、緒、采、業、服、宜、貫、公、事也。論語曰、仍舊貫。餘皆見詩、書。

永、羕、引、延、融、駿、長也。宋、衛、荊、吳之間曰融。羕所未詳。

喬、嵩、崇、高也。皆高大貌。左傳曰、師叔、楚之崇也。

崇、充也。亦爲充盛。

犯、奢、果、毅、剋、捷、功、肩、堪、勝也。陵犯、誇奢、果毅、皆得勝也。左傳曰、殺敵爲果。肩即剋耳。書曰、西伯堪黎。

勝、肩、戡、劉、殺、克也。轉相訓耳。公羊傳曰、克之者何、殺之也。

劉、獮、斬、刺、殺也。書曰、咸劉厥敵。秋獵爲獮、應殺氣也。公羊傳曰、刺之者何、殺之也。

亹亹、蠠没、孟、敦、勗、釗、茂、劭、勔、勉也。詩曰、亹亹文王。蠠没、猶黽勉。書曰、茂哉茂哉。方言云、周鄭之間

鶩務昏暋卬
吾台予朕
身甫余言
朕[2]余躬台賚畀卜陽
肅延誘薦餤晉寅藎
羞餞迪烝詔
亮左右相
詔相導左右
助亮介尚
左右緝熙烈
顯昭晧頲
劼鞏堅篤掔虔膠
疇孰晧晧皇皇藐藐穆穆
休嘉珍褘懿鑠
諧輯協關關噰噰

相勸勉爲劭。釗孟未聞。

鶩、務、昏、暋，強也。馳騖事務皆自勉強。書曰：不昏作勞。暋不畏死。

卬、吾、台、予、朕、身、甫、余、言，我也。卬猶姎也，語之轉耳。書曰：非台小子。古者貴賤皆自稱朕。禮記云：授政任功，曰予一人。畛於鬼神，曰有某甫。言見詩。

朕、余、躬，身也。今人亦自呼爲身。

台、朕、賚、畀、卜、陽，予也。賚、卜、畀皆賜與也。與猶予也，因通其名耳。魯詩云：陽如之何。今巴濮之人自呼阿陽。

肅、延、誘、薦、餤、晉、寅、藎，進也。禮記曰：主人肅客。詩曰：亂是用餤。王之藎臣。易曰：晉，進也。寅未詳。

羞、餞、迪、烝，進也。皆見詩、禮。

詔、亮、左、右、相，導也。皆謂教導之。

詔、相、導、左、右、助，勴也。勴謂贊勉。

亮、介、尚，右也。紹介、勸尚皆相佑助。

左、右，亮也。反覆相訓，以盡其義。

緝、熙、烈、顯、昭、晧、頲，光也。詩曰：學有緝熙于光明。又曰：休有烈光。

劼、鞏、堅、篤、掔、虔、膠，固也。劼、虔皆見詩、書。易曰：鞏用黃牛之革。固志也。掔然亦牢固之意。

疇、孰，誰也。易曰：疇離祉。

晧晧、皇皇、藐藐、穆穆、休、嘉、珍、褘、懿、鑠，美也。自穆穆已上，皆美盛之貌。其餘常語。

諧、輯、協，和也。書曰：八音克諧。左傳曰：百姓輯睦。

關關、噰

勰燮從中神加弼崇
觳悉卒泯忽滅罄
空畢罊殲拔殄
苞蕪茂揫斂屈
收戢蒐裒鳩樓
肅2齊遄速亟
屢數迅寁駿
亟遄壑阬阬
滕徵隍漮
黎庶烝多醜師旅洋
觀裒衆那流差柬戰
慄震驚戁竦恐慴痛
瘏虺頹玄黃劬勞
咎顇瘽瘉鰥戮癙癵瘇痒
疷疵閔逐疚痗瘥痱癉瘵

嚶、音聲和也。皆鳥鳴相和。勰、燮、和也。書曰燮友柔克。從、申、神、加、弼、崇、重也。隨從、弼輔、增崇皆所以為重疊。神所未詳。觳、悉、卒、泯、忽、滅、罄、空、畢、罊、殲、拔、殄、盡也。觳今直語耳。忽然盡貌。今江東呼厭極為罊。餘皆見詩。苞、蕪、茂、豐也。苞叢、繁蕪皆豐盛。揫、斂、屈、收、戢、蒐、裒、鳩、樓、聚也。禮記曰秋之言揫。揫斂也。春獵為蒐。蒐者以其聚人衆也。詩曰屈此羣醜。原隰裒矣。左傳曰以鳩其民。樓、猶今言拘樓、聚也。肅、齊、遄、速、亟、屢、數、迅、疾也。詩曰仲山甫徂齊。寁、駿、肅、亟、遄、速也。詩曰不寁故也。駿猶迅。速亦疾也。壑、阬阬、滕、徵、隍、漮、虛也。壑、谿壑也。阬阬謂阬壍也。隍、城池無水者。方言云漮之言空也。皆謂丘墟耳。滕、徵未詳。黎、庶、烝、多、醜、師、旅、衆也。皆見詩。洋、觀、裒、衆、那、多也。詩曰薄言觀者。又曰受福不那。洋溢、亦多貌。流、差、柬、擇也。皆選擇。戰、慄、震、驚、戁、竦、恐、慴、懼也。詩曰不戁不竦。慴即懾也。痛、瘏、虺、頹、玄、黃、劬勞、咎、顇、瘽、瘉、鰥、戮、癙、癵、瘇、痒、疷、疵、閔、逐、疚、痗、瘥、痱、癉、瘵、

瘼瘵
恙寫悝盱繇慘恤罹
倫勩邛敕勤愉庸癉
勞來強事謂翦
篲悠傷憂
懷惟慮願念惄禄
祉履戩祓禧褫祜
禋祀祠蒸嘗禴
儼恪祗翼諲
恭欽寅熯朝
旦夙晨晙頊竢
替戾底止徯
噊幾烖殆譏治肆古

瘼、瘵，病也。虺穨、玄黃，皆人病之通名，而說者便爲之馬病，失其義也。詩曰：生我劬勞。書曰：智藏瘝在。相戮辱亦可恥病也。今江東呼病曰瘵，東齊曰瘼。禮記曰：親瘠色容不盛。戮、逐未詳。餘皆見詩。恙、寫、悝、盱、繇、慘、恤、罹，憂也。今人云無恙，謂無憂也。寫有憂者思散寫也。詩曰：悠悠我悝。云何盱矣。繇役亦爲憂愁也。倫、勩、邛、敕、勤、愉、庸、癉，勞也。詩曰：莫知我勩。維王之邛。哀我癉人。國語曰：無功庸者。倫理事務以相約敕，亦爲勞。勞苦者多惰愉。今字或作窳，同。勞、來、強、事、謂、翦、篲，勤也。詩曰：職勞不來。自勉強者亦勤力者。由事事故爲勤也。詩曰：迨其謂之。翦、篲未詳。悠、傷、憂，思也。皆感思也。懷、惟、慮、願、念、惄，思也。詩曰：惄如調飢。禄、祉、履、戩、祓、禧、褫、祜，福也。詩曰：福履綏之。俾爾戩穀。祓禄康矣。褫、禧，書傳不見，其義未詳。禋、祀、祠、蒸、嘗、禴，祭也。書曰：禋于六宗。餘者皆以爲四時祭名也。儼、恪、祗、翼、諲、恭、欽、寅、熯，敬也。儼然敬貌。書曰：夙夜惟寅。詩曰：我孔熯矣。諲未詳。朝、旦、夙、晨、晙，早也。晙亦明也。頊、竢、替、戾、底、止、徯，待也。書曰：徯我后。今河北人語亦然。替、戾、底者，皆止也。止亦相待。噊、幾、烖、殆，危也。幾猶殆也。噊、烖未詳。譏，汔也。謂相摩近。治、肆、古、

肆故惇
亶祜篤掔仍肶
埤竺腹載謨
食詐話猷載行訛
遘[2]逢[2]遇
遘逢遇遻顯
昭覲釗覿
監瞻臨涖頫相
鞠訩溢孔魄
哉延虛無之言
瘞幽隱匿蔽竄
訖徽妥懷安按替
戾底[2]尼定曷遏
豫射
烈績[3]勳功質登平

故也。治未詳。肆、古見詩書。肆、故，今也。肆既爲故，又爲今，今亦爲故，故亦爲今，此義相反而兼通者。事例在下，而皆見詩。惇、亶、祜、篤、掔、仍、肶、埤、竺、腹，厚也。頻、仍、埤、竺、肶、輔，皆重厚。掔然厚貌。餘皆見詩、書。載、謨、食、詐，僞也。載者言而不信，謨者謀而不忠。書曰：朕不食言。話、猷、載、行、訛，言也。詩曰：愼爾出話。猷者、道，道亦言也。周禮曰：作盟詛之載。今江東通謂語爲行，世以妖言爲訛。遘、逢，遇也。謂相遘遇。遘、逢、遇、遻，遌也。轉復爲相觸遻。遘、逢、遇、遻，見也。行而相值即見。顯、昭、覲、釗、覿，見也。顯、昭，明見也。逸書曰：釗我周王。監、瞻、臨、涖、頫、相，視也。皆謂察視也。鞠、訩、溢，盈也。詩曰：降此鞠訩。孔、魄、哉、延、虛、無、之、言，間也。孔穴、延、魄、虛、無，皆有間隙。餘未詳。瘞、幽、隱、匿、蔽、竄，微也。微謂逃藏也。左傳曰：其徒微之。是也。訖、徽、妥、懷、安、按、替、戾、底、底、尼、定、曷、遏，止也。妥、安者，坐也。懷者，至也。按，抑按也。替、廢，皆止住也。戾、底義見詩傳。國語曰：戾久將底。孟子曰：行或尼之。今以逆相止爲遏。徽未詳。豫、射，厭也。詩曰：服之無斁。豫未詳。烈、績，業也。謂功業也。績、勳，功也。謂功勞也。功、績、質、登、平、

明考就梏梗較頲
庭道密康[2]豫寧綏
柔平均夷弟矢弛
希寡鮮[2]酬酢侑毗劉
覭髳
蠱謟貳楨翰儀
弼棐輔比疆
界邊衛圉
昌敵彊應丁
浡肩搖動
蠢迪俶厲
茲斯咨[2]呰
已嗟閑

明、考、就、成也。功績皆有成。詩曰：質爾民人。禮記曰：年穀不登。穀梁傳曰：平者成也。事有分明，亦成濟也。梏、梗、較、頲、

庭、道、直也。梏、梗、較、頲，皆正直也。詩曰：既庭且碩。頲，道無所屈。密、康、靜也。皆安靜也。豫、寧、綏、康、

柔、安也。皆見詩書。平、均、夷、弟、易也。皆謂易直。矢、弛也。弛，放。弛、易也。相延易。

希、寡、鮮、罕也。罕亦希也。鮮、寡也。謂少。酬、酢、侑、報也。此通謂相報答，不主于飲酒。毗、

劉、暴、樂也。謂樹木葉缺落，蔭疏暴樂。見詩。覭、髳、茀、離也。謂草木之叢茸翳薈也。茀離即彌離，彌離猶蒙蘢耳。

孫叔然字別為義，失矣。蠱、謟、貳、疑也。蠱惑有貳心者，皆疑也。左傳曰：天命不謟。音縚。楨、翰、儀、幹也。

詩曰：維周之翰。儀表亦體幹。弼、棐、輔、比、俌也。書曰：天畏棐忱。易曰：比，輔也。俌猶輔也。疆、界、邊、衛、圉、

垂也。疆埸、竟界、邊旁、營衛、守圉，皆在外垂也。左傳曰：聊以固吾圉也。昌、敵、彊、應、丁、當也。書曰：禹拜昌言。彊者

好與物相當值。浡、肩、搖、動、蠢、迪、俶、厲、作也。浡然，興作貌。蠢，動作。公羊傳曰：俶，甚也。穀梁傳曰：始厲樂矣。肩

見書。迪未詳。茲、斯、咨、呰、已、此也。呰、已皆方俗異語。嗟、咨、𧪞也。今河北人云𧪞歎。音兔罝。閑、

狎串貫曩塵佇淹留
逮及暨騭假
格陟躋登
揮盝歇涸
挋拭刷鴻
昏於顯間
饁饟遷運
秉拱廞熙
衛蹶假
廢稅赦棲遲憩
休苦㰴齂呬
供峙共煤憐惠
娠蠢震戁妯
騷感訛蹶
覆察副契滅殄

狎、串、貫，習也。串，厭串。貫，貫伏也。今俗語皆然。曩、塵、佇、淹、留，久也。塵垢、佇企、淹滯，皆稽久。

逮、及、暨，與也。公羊傳曰：會、及、暨，皆與也。逮亦及也。隲、假、格、陟、躋、登，陞也。方言曰：魯、衛之閒曰隲，梁益曰格。禮記曰：天王登遐。公羊傳曰：躋者何？陞也。

揮、盝、歇、涸，竭也。月令曰：無漉陂池。國語曰：水涸而成梁。揮，振去水亦爲竭。歇，通語。

挋、拭、刷，清也。振訊、拭拭、掃刷，皆所以爲絜清。鴻、昏、於、顯、閒，代也。鴻鴈知運代。昏主代明，明亦代昏。顯即明也。閒錯亦相代。於義未詳。

饁、饟，饋也。國語曰：其妻饁之。遷、運，徙也。今江東通言遷徙。

秉、拱，執也。兩手持爲拱。廞、熙，興也。書曰：庶績咸熙。廞見周官。衛、蹶、假，嘉也。詩序曰：假樂嘉成王也。餘未詳。

廢、稅、赦，舍也。詩曰：召伯所稅。舍，放置。棲遲、憩、休、苦、㰴、齂、呬，息也。棲遲，遊息也。苦，勞者宜止息。憩見詩。㰴、齂、呬，皆氣息皃。今東齊呼息爲呬也。

供、峙、共，具也。皆謂備具。煤、憐、惠，愛也。煤，韓鄭語。今江東通呼爲憐。

娠、蠢、震、戁、妯、騷、感、訛、蹶，動也。娠猶震也。詩曰：憂心且妯。無感我帨兮。或寢或訛。蠢、戁、騷、蹶，皆搖動皃。

覆、察、副，審也。覆校、察視、副長，皆所爲審諦。契、滅、殄，絕

殷齊斯誃謖興
還復宣徇
馹遽蒙荒
告謁肅噰格懷
畛厎恀怙律遹
俞盒豫臚庶幾
觀指若惠敖憮
幼鞠逸諐疑休
疾齊悈褊貿賈厞
陋遏遾征邁

釋言第二

殷、齊，中也。書曰：以殷仲春。釋地曰：岠齊州以南。斯、誃，離也。齊陳曰斯。誃見詩。謖、興，起也。禮記曰：尸謖。還、復，返也。宣、徇，徧也。皆周徧也。馹、遽，傳也。皆轉車驛馬之名。蒙、荒，奄也。奄奄覆也，皆見詩。告、謁，請也。皆求請也。肅、噰，聲也。詩曰：肅噰和鳴。格、懷，來也。書曰：格尔衆庶。懷見詩。畛、厎，致也。皆見詩傳。恀、怙，恃也。今江東呼母為恀，音是。律、遹，述也。皆敍述也。方俗語耳。俞、盒，然也。禮記曰：男唯女俞。盒者應也，亦為然。豫、臚，敘也。皆陳敘也。庶幾，尚也。詩曰：不尚息焉。觀、指，示也。國語曰：且觀之兵。若、惠，順也。詩曰：惠然肯來。敖、憮，傲也。禮記曰：無憮。憮傲，傲慢也。幼、鞠，稚也。書曰：不念鞠子哀。逸、諐，過也。書曰：汝則有逸罰。疑、休，戾也。戾，止也。疑者亦止。疾、齊，壯也。壯，壯事，謂速也。齊亦疾。悈、褊，急也。皆急狹。貿、賈，市也。詩曰：抱布貿絲。厞、陋，隱也。禮記曰：厞用席。書曰：揚側陋。遏、遾，逮也。東齊曰遏，北燕曰遾，皆相及逮。征、邁，行也。詩曰

圮敗荐原憮敉
臞脙桄熲屢暱
靡罔爽2佴劑
翦饋餾媵將
作造餥餱鞠究
滷矜鹹干流2覃
佻潛2深穀鞠
啜茹虞試式
誥誓競逐禦圉窒薶
黼黻膺身愷悌

王于出征。邁亦行。圮、敗，覆也。謂毀覆。荐、原，再也。易曰，水荐至。今呼重蠶爲𧏾。憮、敉，撫也。憮，愛撫也。敉義見書。臞、脙，瘠也。齊人謂瘠瘦爲脙。桄、熲，充也。皆充盛也。屢、暱，亟也。親暱者亦數。亟亦數也。靡、罔，無也。爽，差也。爽，忒也。皆謂用心差錯不專一。佴，貳也。佴次爲副貳。劑、翦，齊也。南方人呼翦刀爲劑刀。饋、餾，稔也。今呼餐飯爲饋，饋熟爲餾。媵、將，送也。左傳曰，以媵秦穆姬。詩曰，遠于將之。作、造，爲也。餥、餱，食也。方言云，陳楚之間相呼食爲餥。鞠、究，窮也。皆窮盡也。見詩。滷、矜、鹹，苦也。滷，苦地也。可矜憐者亦辛苦。苦即大鹹。干、流，求也。詩曰，左右流之。流，覃也。覃，延也。皆謂蔓延相被及。佻，偷也。謂苟且。潛，深也。潛、深，測也。測亦水深之別名。穀、鞠，生也。詩曰，穀則異室。啜，茹也。啜者拾食。茹、虞，度也。皆測度也。詩曰，不可以茹。試、式，用也。見詩書。誥、誓，謹也。皆所以約勤謹戒衆。競、逐，彊也。皆自勉彊。禦、圉，禁也。禁制。窒、薶，塞也。謂塞孔穴。黼、黻，彰也。黼文如斧，黻文如兩己相背。膺、身，親也。謂躬親。愷悌，發也。發發

髦士畯蓋割
邕支諈諉漠察庇
麻穀履2
隱逆憯增寠
蔆僾基2
祺2兆肇
挾浹替2速
徵琛探髦
髦俾紕淩
慄蠲茅明猷

行也。詩曰、厤子愷悌。髦士、官也。取俊士令居官。畯、農夫也。今之嗇夫是也。蓋、割、裂也。蓋未詳。邕、支、載也。皆方俗語。亦未詳。諈、諉、累也。以事相屬累爲諈諉。漠、察、清也。皆清明。庇、麻、𪎭也。今俗語呼樹蔭爲麻。穀、履、祿也。書曰、旣富方穀。詩曰、福履將之。履、禮也。禮可以履行見易。隱、占也。隱度。逆、迎也。憯、曾也。發語辭。見詩。增、益也。今江東通言增。寠、貧也。謂貧陋。蔆、隱也。謂隱蔽。僾、唈也。嗚唈、短氣。皆見詩。基、經也。基業所以自經營。基、設也。亦爲造設。祺、祥也。謂徵祥。祺、吉也。祥吉之先見。兆、域也。謂塋界。肇、敏也。書曰、肇牽車牛。挾、藏也。今江東通言挾。浹、徹也。謂霑徹。替、廢也。替、滅也。亦爲滅絕。速、徵也。徵、召也。易曰、不速之客。琛、寶也。詩曰、來獻其琛。探、試也。刺探嘗試。髦、選也。俊士之選。髦、俊也。士中之俊、如毛中之髦。俾、職也。使供職。紕、飾也。謂緣飾。見詩。淩、慄也。淩懅戰慄。慄、慼也。戰慄者憂慼。蠲、明也。蠲清明貌。茅、明也。左傳曰、前茅慮無。明、朗也。猷、圖

猷偁稱
坎律矢舫泳
迨冥降傭強
宨肆俅瘞
鼇烘煁陪
康樊賦粻
庶2筑奘
集舫洵2逮
是畫賑局
懠僁葵揆

也。周官曰、以猷鬼神祇、謂圖畫。猷、若也。詩曰、寔命不猷。偁、舉也。書曰、偁爾戈。稱、好也。物稱人意亦爲好。
坎、律、銓也。易坎卦主法、法律皆所以銓量輕重。矢、誓也。相約誓。舫、舟也。並兩船。泳、游
也。潛行游水底。迨、及也。東齊曰迨。冥、幼也。幼稚者冥眛。降、下也。傭、均也。齊等。強、暴
也。強梁、凌暴。宨、肆也。輕宨者好放肆。肆、力也。肆、極力。俅、戴也。詩曰、戴弁俅俅。瘞、幽也。
幽亦薶也。鼇、罽也。毛鼇所以爲罽。烘、燎也。謂燒燎。煁、烓也。今之三隅竈。見詩。陪、朝也。陪位爲朝。
康、苛也。謂苛刻。樊、藩也。謂藩籬。賦、量也。賦稅所以評量。粻、糧也。今江東通言粻。
庶、侈也。庶者衆多爲奢侈。庶、幸也。庶幾、僥倖。筑、拾也。謂拾掇。奘、駔也。今江東呼大爲
駔、駔猶麤也。集、會也。舫、泭也。水中簰筏。洵、均也。謂調均。洵、龕也。未詳。逮、遝也。
今荊楚人皆云遝。音沓。是、則也。是事可法則。畫、形也。畫者爲形象。賑、富也。謂隱賑富有。局、
分也。謂分部。懠、怒也。詩曰、天之方懠。音薺。僁、聲也。謂聲音。葵、揆也。詩曰、天子葵之。揆、

逮惄眕獫
土戍師硈棄
囂謀獻里
襄振懟縭
號凶苞逜顁
猷肯務貽
貿賄甲菼[2]
粲渝宜
夷顛耋輶
俴綯訛跋

度也。商度。逮、及也。惄、飢也。惄然、飢意。眕、重也。謂厚重、見左傳。獫、虐也。凌獫、暴虐。

土、田也。別二名。戍、遏也。戍守所以止寇賊。師、人也。謂人衆。硈、鞏也。硈然、堅固。棄、忘也。暱、閑也。暱然閑暇貌。謀、心也。謀慮以心。獻、聖也。謚法曰、聰明睿智曰獻。里、邑也。謂邑居。襄、除也。詩曰、不可襄。振、古也。詩曰、振古如茲。猶云久若此。懟、怨也。縭、介也。縭者繫、介猶閡。

號、謼也。今江東皆言謼。凶、咎也。苞、稹也。今人呼物叢緻者爲稹。逜、寤也。相干寤。顁、題也。題、額也。詩曰、麟之定。猷、肯、可也。詩曰、猷來無棄。肯、今通言。務、侮也。詩曰、外禦其侮。貽、遺也。相歸遺。

貿、買也。廣二名。賄、財也。甲、狎也。謂習狎。菼、騅也。菼、薍也。詩曰、毳衣如菼。菼、草色如騅、在青白之間。粲、餐也。今河北人呼食爲餐。渝、變也。謂變易。宜、肴也。詩曰、與子宜之。夷、悅也。詩曰、我心則夷。顛、頂也。頭上。耋、老也。八十爲耋。輶、輕也。詩曰、德輶如毛。

俴、淺也。詩曰、小戎俴收。綯、絞也。糾絞繩索。訛、化也。詩曰、四國是訛。跋、躐也。詩曰、狼跋其胡。

疐烝戎餀孺
幕煽熾柢
窕淪罹檢
郵遜斃僨畛
曷虹隌䵒孔
厥戛閣囚攸展
鬱宅休祈
濬幽哲弄尹皇匡
服聘愧殛克
翌訩晦奔逡

疐、跲也。詩曰載疐其尾。烝、塵也。人衆所以生塵埃。戎、相也。相佐助。餀、私也。宴飲之私。孺、屬也。謂親屬。幕、暮也。暮然暮夜。煽、熾也。熾、盛也。互相訓。煽義見詩。柢、本也。謂根本。窕、閒也。窈窕閒隙。淪、率也。相率使。罹、毒也。憂思慘毒。檢、同也。模範同等。郵、過也。道路所經過。遜、遯也。謂逃去。斃、踣也。前覆。僨、僵也。却偃。畛、殄也。謂殄絕。曷、盍也。盍、何不。虹、潰也。謂潰敗。隌、闇也。隌然冥貌。䵒、膠也。膠黏䵒。孔、甚也。厥、其也。戛、禮也。謂常禮。閣、臺也。城門臺。囚、拘也。謂拘執。攸、所也。展、適也。得自申展、皆適意。鬱、氣也。鬱然氣出。宅、居也。休、慶也。祈、叫也。祈祭者叫呼而請事。濬、幽、深也。濬亦深也。哲、智也。弄、玩也。尹、正也。謂官正也。皇、匡、正也。詩曰、四國是皇。服、整也。服御之令齊整。聘、問也。見穀梁傳。愧、慙也。殛、誅也。書曰、鯀則殛死。克、能也。翌、明也。書曰、翌日乃瘳。訩、訟也。言訩譊。晦、冥也。奔、走也。逡、退也。外傳曰、已

栗栗 溞溞 烰烰 俅俅
峨峨 鍠鍠 穰穰
子子孫孫 顒顒卬卬
丁丁 嚶嚶 藹藹 萋萋
噰噰 喈喈 佻佻
契契 宴宴 粲粲
哀哀 悽悽 儵儵 嘒嘒
晏晏 旦旦 皋皋
琄琄 懽懽 愮愮 憲憲
洩洩 謔謔 謞謞

也。（刈禾聲。）栗栗、衆也。（積聚緻。）溞溞、淅也。（淅米聲。）烰烰、烝也。（氣出盛。）俅俅、服也。（謂戴弁服。）峨峨、祭也。（謂執圭璋助祭。）鍠鍠、樂也。（鐘鼓音。）穰穰、福也。（言饒多。）子子孫孫、引無極也。（世世昌盛長無窮。）顒顒卬卬、君之德也。（道君人者之德望。）丁丁、嚶嚶、相切直也。（丁丁、斫木聲。嚶嚶、兩鳥鳴、以喻朋友切磋相正。）藹藹、萋萋、臣盡力也。（梧桐茂、賢士衆、地極化、臣竭忠。）噰噰、喈喈、民協服也。（鳳凰應德鳴相和、百姓懷附興頌歌。）佻佻、契契、愈遐急也。（賦役不均、小國困竭、賢人憂歎、遠益急切。）宴宴、粲粲、尼居息也。（盛飾宴安、近處優閑。）哀哀、悽悽、懷報德也。（悲苦征役、思所生也。）儵儵、嘒嘒、罹禍毒也。（悼王道穢塞、美蟬鳴自得、傷己失所遭讒賊。）晏晏、旦旦、悔爽忒也。（傷見絕棄、恨士失也。）皋皋、琄琄、刺素食也。（譏無功德、尸寵祿也。）懽懽、愮愮、憂無告也。（賢者憂懼、無所訴也。）憲憲、洩洩、制法則也。（佐興虐政、設教令也。）謔謔、謞謞、崇讒慝也。（樂禍助虐、憎譖惡也。）

翕翕 訿訿 速速 蹙蹙
抑抑 秩秩 粤夆
朔 不俟 不遹
不徹 勿念
蔑諼 每有
饎 舞號
暨 蠢
如切如磋
如琢如磨
瑟兮僩兮 赫兮烜兮
有斐君子
終不可諼兮
既微且尰
微尰 是刈是穫 鑊

翕翕、訿訿、莫供職也。賢者陵替姦黨熾、背公恤私曠職事。速速、蹙蹙、惟逑鞫也。陋人專祿國侵削、賢士永哀念窮迫。抑抑、密也。威儀審諦。秩秩、清也。德音清泠。粤夆、掣曳也。謂牽拕。朔、北方也。謂幽朔。不俟、不來也。不可待是不復來。不遹、不蹟也。言不循軌跡也。不徹、不道也。徹亦道也。勿念、勿忘也。勿念念也。蔑、諼、忘也。義見伯兮、考盤詩。每有、雖也。詩曰、每有良朋。辭之雖也。饎、酒食也。猶今云饎饌、皆一語而兼通。舞、號、雩也。雩之祭舞者吁嗟而請雨。暨、不及也。公羊傳曰、及、我欲之、暨、不得已。暨、不得已、是不得及。蠢、不遜也。蠢動為惡、不謙遜也。如切如磋、道學也。骨象須切磋而為器、人須學問以成德。如琢如磨、自脩也。玉石之被雕磨、猶人自脩飾。瑟兮僩兮、恂慄也。恂、戰慄。赫兮烜兮、威儀也。貌光宣。有斐君子、終不可諼兮。斐文貌。道盛德至善、民之不能忘也。常思詠。既微且尰。骭瘍為微、腫足為尰。骭、腳脛。瘍、瘡。是刈是穫。鑊、煑之也。煑葛。

履帝武敏武敏張仲孝友
孝友有客宿宿
有客信信
媛彥其虛其徐
猗嗟名兮名式微式微
之子徒御不驚
襢裼暴虎馮河
籧篨戚施
夸毗婆娑
擗矜憐緎
殿屎幬侜張

爲絺綌。履帝武敏。武，迹也。敏，拇也。拇，迹大指處。張仲孝友。周宣王時賢臣。善父母爲孝，善兄弟爲友。有客宿宿，言再宿也。有客信信，言四宿也。再宿爲信，重言之，故知四宿。美女爲媛。所以結好媛。美士爲彥。人所彥詠。其虛其徐，威儀容止也。雍容都雅之貌。猗嗟名兮，目上爲名。眉眼之間。式微式微者，微乎微者也。言至微。之子者，是子也。斥所詠。徒御不驚，輦者也。步挽輦車。襢裼，肉袒也。脫衣而見體。暴虎，徒搏也。空手執也。馮河，徒涉也。無舟楫。籧篨，口柔也。籧篨之疾不能俯，口柔之人視人顔色，常亦不伏，因以名云。戚施，面柔也。戚施之疾不能仰，面柔之人常俯，似之，亦以名云。夸毗，體柔也。屈己卑身以柔順人也。婆娑，舞也。舞者之容。擗，拊心也。謂椎胷也。矜、憐，撫掩之也。撫掩猶撫拍，謂慰恤也。緎，羔裘之縫也。縫飾羔皮之名。殿屎，呻也。呻吟之聲。幬謂之帳。今江東亦謂帳爲幬。侜張，誑也。書曰，無或侜張爲幻。

誰昔　不辰　罶

鬼

考　妣

王父　王母

曾祖王父　曾祖王母

高祖王父　高祖王母

從祖祖父　從祖祖母

世父　叔父

幻惑欺誑人者。誰昔、昔也。誰發語辭。不辰、不時也。辰亦時也。凡曲者爲罶。毛詩傳曰、罶曲梁也。凡以薄爲魚笱者名爲罶。鬼之爲言歸也。尸子曰、古者謂死人爲歸人。

釋親第四

父爲考、母爲妣。禮記曰、生曰父、母、妻、死曰考、妣、嬪。今世學者從之。按尚書曰、大傷厥考心。事厥考厥長。聰聽祖考之彝訓。如喪考妣。公羊傳曰、惠公者何、隱之考也。仲子者何、桓之母也。蒼頡篇曰、考妣延年。書曰、嬪于虞。詩曰、聿嬪于京。周禮有九嬪之官。明此非死生之異稱矣。其義猶今謂兄爲晜、妹爲媦。即是此例也。父之考爲王父、父之妣爲王母。加王者、尊之。王父之考爲曾祖王父、王父之妣爲曾祖王母。曾猶重也。曾祖王父之考爲高祖王父、曾祖王父之妣爲高祖王母。高者、言最在上。父之世父、叔父爲從祖祖父、父之世母、叔母爲從祖祖母。從祖而別世統異故。父之晜弟、先生爲世父、後生爲叔父。世有爲嫡者、嗣世統故也。男子先

兄弟姊妹

姑　從祖父

族父　族晜弟
親同姓

從父晜弟

孫　曾孫　玄孫

來孫　晜孫

仍孫　雲孫

王姑　曾祖王姑

高祖王姑　從祖姑

族祖姑　從祖王母

生爲兄，後生爲弟。男子謂女子先生爲姊，後生爲妹。父之姊妹爲姑。父之從父晜弟爲從祖父，父之從祖晜弟爲族父，族父之子相謂爲族晜弟，族晜弟之子相謂爲親同姓。同姓之親無服屬。兄之子、弟之子相謂爲從父晜弟。從父而別。子之子爲孫，孫，猶後也。孫之子爲曾孫，曾，猶重也。曾孫之子爲玄孫，玄者，言親屬微昧也。玄孫之子爲來孫，言有往來之親。來孫之子爲晜孫，晜，後也。汲冢竹書曰，不窋之晜孫。晜孫之子爲仍孫，仍，亦重也。仍孫之子爲雲孫，言輕遠如浮雲。王父之姊妹爲王姑，曾祖王父之姊妹爲曾祖王姑，高祖王父之姊妹爲高祖王姑。父之從父姊妹爲從祖姑，父之從祖姊妹爲族祖姑。父之從父晜弟之母爲從祖王母，父之從

族祖王母　世母
叔母　從祖母
族祖母　族曾王父
族曾王母　庶母　祖　晜
宗族
外王父　外王母
外曾王父
外曾王母　舅
從舅　從母　從母晜弟
從母姊妹
母黨

祖晜弟之母爲族祖王母。父之兄妻爲世母、父之弟妻爲叔母。父之從父晜弟之妻爲從祖母、父之從祖晜弟之妻爲族祖母。父之從祖祖父爲族曾王父、父之從祖祖母爲族曾王母。父之妾爲庶母。祖、王父也。晜、兄也。今江東人通言晜。

宗族

母之考爲外王父、母之妣爲外王母。母之王考爲外曾王父、母之王妣爲外曾王母。異姓故言外。母之晜弟爲舅、母之從父晜弟爲從舅、母之姊妹爲從母。從母之男子爲從母晜弟、其女子子爲從母姊妹。

母黨

外舅　外姑　甥[3]　甥　姨　私　出　姪　離孫　歸孫　外孫　姒　娣　嫂　婦　娣婦　姒婦　妻黨

妻之父爲外舅、妻之母爲外姑。謂我舅者、吾謂之甥。然則亦宜呼壻爲甥。孟子曰、帝館甥于二室。是。姑之子爲甥、舅之子爲甥、妻之晜弟爲甥、姊妹之夫爲甥。四人體敵、故更相爲甥。甥猶生也。今人相呼蓋依此。妻之姊妹同出爲姨。同出謂俱已嫁。詩曰、邢侯之姨。女子謂姊妹之夫爲私。詩曰、譚公維私。男子謂姊妹之子爲出。公羊傳曰、蓋舅出。女子謂晜弟之子爲姪、左傳曰、姪其從姑。謂出之子爲離孫、謂姪之子爲歸孫、女子子之子爲外孫。女子同出、謂先生爲姒、後生爲娣。同出謂俱嫁事一夫。公羊傳曰、諸侯娶一國、二國往媵之、以姪娣從。娣者何、弟也。此即其義也。女子謂兄之妻爲嫂、弟之妻爲婦。猶今言新婦是也。長婦謂稚婦爲娣婦、娣婦謂長婦爲姒婦。今相呼先後、或云妯娌。

妻黨

舅姑　君舅　君姑
先舅　先姑　少姑
兄公　叔　女公　女妹
婦　嫡婦　庶婦
壻　姻　婚　宗族
兄弟　婚姻
亞　婚兄弟
姻兄弟　嬪　甥
婚姻

婦稱夫之父曰舅、稱夫之母曰姑。姑舅在則曰君舅、君姑。沒則曰先舅、先姑。國語曰、吾聞之先姑。謂夫之庶母爲少姑。夫之兄爲兄公、今俗呼兄鐘、語之轉耳。夫之弟爲叔、夫之姊爲女公、夫之女弟爲女妹。今謂之女妹是也。子之妻爲婦。長婦爲嫡婦、衆婦爲庶婦。女子子之夫爲壻。壻之父爲姻、婦之父爲婚。父之黨爲宗族、母與妻之黨爲兄弟。婦之父母、壻之父母相謂爲婚姻。兩壻相謂爲亞。詩曰、瑣瑣姻亞。今江東人呼同門爲僚壻。婦之黨爲婚兄弟、壻之黨爲姻兄弟。古者皆謂婚姻爲兄弟。嬪、婦也。書曰、嬪于虞。謂我舅者、吾謂之甥也。

婚姻

爾雅卷上　經四千一百三十二字　注五千四百一十六字

爾雅音釋卷上

夫扶興許膺鍵件摛癡贍時豔璞朴檮桃少詩照鑽子管會古外稡子外劂掇
礫歷騫愆稂郎易以豉了潦篲似銳企丘豉躅逐

釋詁第一

肇兆俶昌叔辟并亦憮呼厖亡江誕但訏吁劉畱昄蒲板晊之日極紀力弔的
艐宗摧昨雷畀必寐予羊汝鮮息淺省先郢令力政綝勑金彀古豆妉丁含般盤樂洛
遹聿度鐸諏子須彝夷辟婢亦辜孤辠罪齯倪鮐台耇狗亶丁但諶市林
敖五報粵曰繇由於烏敆閤郃合盍胡臘妃配媲普計纂子管忥戲謚侍
貉陌謐密顗擬頠魚毀隕于閔磒下敏標婢眇蘦零令力政畛積田告谷迵戶頂
逷惕壞怪圮房美垝鬼寀七代亂撫毅義戡堪獮尠刺次亹尾蠠窒

釗招劭邵勔泯鶩務睯閔強其丈卬五剛台怡下同畀必二陽賜予與餤談

藎燼相息亮勴慮頞古迥劼苦黠掔牽疇直留暀旺藐邈褘衣輯集噰於恭

勰協重直龍㲉學繫苦計殲尖揫子由蒐搜遄船亟欺冀數朔亟居力寁昝

阬坑濂康差叉柬簡慄栗戁女板恐丘勇慴之涉痡普胡瘏徒虺灰顇悴

瘽勤瘉俞癙鼠癵力專㾖里痒羊疷祁痗妹瘥徂何痱肥癉亶瘵債

癠徂細悝里盱吁繇遙勩與世癉丁賀勞力報來賚強其丈思司嗣惄溺裓麽

褫斯禴藥恪墟各諲因熯而善晙俊顉須竢士底止徯胡禮噊聿烖哉

幾析汔蓋肶毗埤脾竺篤遘構遻悟監鑒涖利頫眺瘞於計匿女力

妥他果遏烏曷射亦梏谷較角頲他頂易以豉矢弛並音戶紙鮮息淺酢昨暴剝

樂洛覭陌髳蒙謟叨棐匪比毗志俌甫圉語呰紫髊嗟串五患貫慣

隲質假遐涸鶴拒振㕞所劣於烏閒澗饁叶饟餉餉櫃廞許金蹶居衛
假暇舍捨𢊁苦怪齂訶誡呬許四峙直紀共恭惎其娠振妯抽契苦結繇由
僉七廉長丁丈秭姊算筭傅附覛脉淈骨汱古犬渾胡本𧆞楸翜所甲繇由
馘古獲穧才細戁乃且剡羊冉䂮略任壬鴆拼北萌抨烹儴攘探貪篡初患俘孚
枿五割薦曹練賡古孟祔附祪鬼尼女乙幾機暱女乙妥他回貉陌嗼莫寔石
卒子卹輟丁劣酋在由薨呼弘殪於計

釋言第二

誃侈謖所六還旋徇辝峻馹日傳張戀告谷恀是畣荅讋慴悈紀力褊必淺
貫古腓符沸遾誓圮皮美荐賤憮武敉亡婢臞衢脙求亟墟記差初佴而志
劑即隨饙紛餾力又媵以證餥非佻挑茹如庶度鐸彊巨丈窒豬乙薶埋黼甫

黻弗晙俊諈竹睡諉女睡累劣偽憯慘寠求矩薆僾並音愛唈烏合挾叶浹接
琛勑金紕備淩淩傭勑容斄離罽計燎料煁市針烓頃苛何筑竹奘祖朗
駔粗泭孚還背畫畫賑之忍分符問懠才細僁屑度徒各眕之忍硈苦角囂五刀
懟隊縭離號毫謼火故逜悟顁丁佞遺唯季菼他敢薍五患餐孫臺迭輶酉
俴踐綯陶躐獵疐致跲其業柢帝閑閑斃弊踣蒲北僨糞僵姜潰會
隌唵冥莫定䵒女乙闍都殛紀力冥亡定仆赴諗審弇掩鬩呼歷燬毀偟皇
懊烏報忨五館愒苦蓋榰枝柱注慒四黹致耻紩秩廯息淺逭換閒諫俔胡典
沄云沆胡黨𧿞扶味燠於六堛孚逼齌才細饘之然矏武延襺吉典靦他典姡滑鬻之六
翢徒刀纛徒到妎胡計芾貝狃女九復扶又般班還旋緍民辟婢亦漦仕其華胡瓜

釋訓第三

厅居觀倏由便婢緜廱於容惴之瑞憢許堯番波矯居兆藹烏害濟子禮思賜踖夕

佗陀忯徒啓懕於占媞題懋茂慔暮慅騷赫釋壿七旬瞿居具蹻巨虐憍嬌天

夢亡工訰之閏懪雹儚亡崩爞同敖五高傲五耗佌此痯管瘐羊主惸瓊慱團

怲柄畇巡畟楚力郝釋穟遂穮方遥桎丁秩穫戶郭溞蘇刀淅錫鐄橫丁爭

盡咨忍喈皆佻勑料契苦結尼女乙儵徒的嘒呼惠琄胡犬刺七賜懽貫愮遥謞虛各

訿子尒甹普經夆芳逢掣充世遹述萲袁諼喧號毫雩于暨忌僩限烜喧

𧼯時勇骭莧瘍羊栂畝媛于眷猗於宜襢但裼息馮平籧渠篨除夸誇

擗婢亦拊撫緎域縫逢殿丁練屎希呻申懤紬侜張留罶力九

釋親第四

妣比從父從祖從母從並才用切晜昆姪徒結姒似娣第公鍾嫡的

嬪頻

室宮
扆家序
奧屋漏

爾雅卷中

郭璞注

釋宮第五

宮謂之室，室謂之宮。皆所以通古今之異語，明同實而兩名。牖戶之閒謂之扆。窻東戶西也。禮云斧扆者，以其所在處名之。其內謂之家。今人稱家，義出於此。東西牆謂之序。所以序別內外。西南隅謂之奧。室中隱奧之處。西北隅謂之屋漏。詩曰尚不媿於屋漏，其義未詳。

宧窔　閾楔梁椳　落時㞷坫　墉杇榩　黝堊杙楎　臬栱閣　臺榭樔　塒傳突　梁棁槉　楶桴榱閱

東北隅謂之宧、宧見禮、亦未詳。東南隅謂之窔。禮曰婦室聚窔。窔亦隱闇。柣謂之閾。閾門限。棖謂之楔。門兩旁木。楣謂之梁。門戶上橫梁。樞謂之椳。門戶扉樞。樞達北方謂之落時。門持樞者、或達北檼以爲固也。落時謂之㞷。道二名也。垝謂之坫。在堂隅。坫、端也。牆謂之墉。書曰、旣勤垣墉。鏝謂之杇。泥鏝。椹謂之榩。斫木櫍也。地謂之黝。黑飾地也。牆謂之堊。白飾牆也。樴謂之杙。橜也。在牆者謂之楎、禮記曰、不敢縣於夫之楎箷。在地者謂之臬。即門橜也。大者謂之栱、長者謂之閣。別杙所在長短之名。闍謂之臺、積土四方。有木者謂之榭。臺上起屋。雞棲於弋爲樔、鑿垣而棲爲塒。今寒鄉穿牆棲雞。皆見詩。植謂之傳、傳謂之突。戶持鏁植也。見埤蒼。杗廇謂之梁。屋大梁也。其上楹謂之棁。侏儒柱也。閞謂之槉。柱上欂也。亦名枅、又曰楷。栭謂之楶。即櫨也。棟謂之桴。屋檼。桷謂之榱。屋椽。桷直而遂謂之閱。謂五

交樀　防移　筄鄉位　宁樹門　應門闕闈　閨閤閎　塾闑扉　閎甓　壼唐　陳路[2]旅場猷行

架屋際椽正相當。直不受檐謂之交。謂五架屋際椽不直上檐，交於檼上。檐謂之樀。屋相容

容謂之防。形如今牀頭小曲屏風，唱射者所以自防隱。見周禮。連謂之移。堂樓閣邊小屋，今呼之簃廚、連觀也。屋上

薄謂之筄。屋笮。兩階間謂之鄉。人君南鄉當階間。中庭之左右謂之位。羣臣之列位也。

門屏之間謂之宁。人君視朝所宁立處。屏謂之樹。小牆當門中。閍謂之門。詩曰祝祭於祊。

正門謂之應門。朝門。觀謂之闕。宮門雙闕。宮中之門謂之闈。謂相通小門也。

其小者謂之閨。小閨謂之閤。大小異名。衖門謂之閎。左傳曰盟諸僖閎。閎，衖頭門。

門側之堂謂之塾。夾門堂也。橛謂之闑。門閫。闔謂之扉。公羊傳曰齒著于門闔。

所以止扉謂之閎。門辟旁長橛也。左傳曰高其閈閎。閎長杙，即門橜也。瓴甋謂之甓。甋甎也。今江東呼瓴甓。

宮中衖謂之壼。巷閤間道。廟中路謂之唐。詩曰中唐有甓。堂途

謂之陳。堂下至門徑也。路、旅，途也。途即道也。路、場、猷、行，道也。博說道之異名。一達謂之

道路岐旁劇旁　衢康莊　劇驂崇期　逵時行步　趨走奔梁　徛　廟寢榭　臺樓　豆籩登

道路、長道。二達謂之岐旁、岐道旁出也。三達謂之劇旁、今南陽冠軍樂鄉數道交錯俗呼之五劇鄉。四達謂之衢、交道四出。五達謂之康、史記所謂康莊之衢。六達謂之莊、左傳曰得慶氏之木百車於莊。七達謂之劇驂、三道交復有一岐出者。今北海劇縣有此道。八達謂之崇期、四道交出。九達謂之逵。四道交出、復有旁通。室中謂之時、堂上謂之行、堂下謂之步、門外謂之趨、中庭謂之走、大路謂之奔。此皆人行步趨走之處、因以名云。隄謂之梁。即橋也。或曰石絕水者爲梁、見詩傳。石杠謂之徛。聚石水中以爲步渡彴也。孟子曰、歲十月徒杠成。或曰今之石橋。室有東西廂曰廟。夾室前堂。無東西廂有室曰寢。但有大室。無室曰榭。榭即今堂堭。四方而高曰臺、陜而修曲曰樓。脩、長也。

釋器第六

木豆謂之豆。豆、禮器也。竹豆謂之籩。籩亦禮器。瓦豆謂之登。即膏登也。盎謂之

缶瓵甊　定鐯疀九罭　九罭罶　汕罩涔　羅罝　罞羉罛　罿$_{2}$罦$_{2}$　救分業　縮之彝卣罍坎　祝襮

缶。盆也。甌瓿謂之瓵。瓿甊，小甖。長沙謂之瓵。康瓠謂之甈。瓠，壺也。賈誼曰：寶康瓠是也。斪斸謂之定。鋤屬。斫謂之鐯。钁也。斛謂之疀。皆古鍬鍤字。緵罟謂之九罭。九罭，魚罔也。今之百囊罟是，亦謂之罾，今江東呼為緵。嫠婦之笱謂之罶。毛詩傳曰：罶，曲梁也。謂以簿為魚笱。罺謂之汕。今之撩罟。篧謂之罩。捕魚籠也。槮謂之涔。今之作槮者，聚積柴木於水中，魚得寒，入其裹藏隱，因以簿圍捕取之。鳥罟謂之羅。謂羅絡之。兔罟謂之罝。罝猶遮也。見詩。麋罟謂之罞。冒其頭也。彘罟謂之羉。羉，幕也。魚罟謂之罛。最大罟也。今江東云。繴謂之罿。罿，罬也。罬謂之罦。罦，覆車也。今之翻車也。有兩轅，中施罥以捕鳥。展轉相解，廣異語。絇謂之救。救絲以為絇。或曰亦罥名。律謂之分。律管可以分氣。大版謂之業。築牆版也。繩之謂之縮之。縮者，約束之。詩曰：縮版以載。彝、卣、罍，器也。皆盛酒尊。彝其總名。小罍謂之坎。罍形似壺，大者受一斛。衣裗謂之祝。衣縷也。齊人謂之攣。或曰袿衣之飾。黼領謂之襮。繡刺黼文以褗領。

純襮襟裾 袸褑袺 襭襜縭[2] 纀 鞎第禦蔽 捐钀轙 革餯餲 糷糪敗餒 脱之斮之冰 羹鮨醢

緣謂之純。衣緣飾也。袸謂之襮。衣開孔也。衣眥謂之襟。交領。袚謂之裾。衣後裾也。衿謂之袸。衣小帶。佩衿謂之褑。佩玉之帶上屬。執衽謂之袺。持衣上衽。扱衽謂之襭。扱衣上衽於帶。衣蔽前謂之襜。今蔽膝也。婦人之褘謂之縭。縭，緌也。即今之香纓也。褘邪交落帶繫於體，因名爲褘。緌，繫也。裳削幅謂之纀。削殺其幅，深衣之裳。輿革前謂之鞎，以韋靶車軾。後謂之第。以韋靶後戶。竹前謂之禦，以簟衣軾。後謂之蔽。以簟衣後戶。環謂之捐。著車衆環。鑣謂之钀。馬勒旁鐵。載轡謂之轙。車軛上環，轡所貫也。轡首謂之革。轡，靶勒。見詩。餀謂之餯。說物臭也。食饐謂之餲。飯饖臭。見論語。摶者謂之糷。飯相著。米者謂之糪。飯中有腥。肉謂之敗，臭壞。魚謂之餒。肉爛。肉曰脱之。剝其皮也。今江東呼麋鹿之屬通爲肉。魚曰斮之。謂削鱗也。冰，脂也。莊子云：肌膚若冰雪。冰雪，脂膏也。肉謂之羹。肉臛也。廣雅曰：湆。見左傳。魚謂之鮨。鮨，鮓屬也。見公食大夫禮。肉謂之醢。肉醬。有骨者謂之

臡蠱垽鼐 鼒釴 鬲鬵2璲 區翮箴 縛緷虡 氂蔌苫 盪鏐銀鐐 鈑鈏 鵠觷剒剫雕 鏤刻切磋琢

臡。雜骨醬。見周禮。康謂之蠱。米皮。澱謂之垽。滓澱也。今江東呼垽。鼎絕大謂之鼐。最大者。圜弇上謂之鼒。鼎斂上而小口。附耳外謂之釴。鼎耳在表。款足者謂之鬲。鼎曲腳也。䰝謂之鬵。詩曰、溉之釜鬵。鬵、鉹也。涼州呼鉹。璲、瑞也。詩曰鞙鞙佩璲。璲者、玉瑞。玉十謂之區。雙玉曰瑴、五瑴為區。羽本謂之翮。鳥羽根也。一羽謂之箴、十羽謂之縛、百羽謂之緷。別羽數多少之名。木謂之虡。懸鐘磬之木、植者名虡。旄謂之氂。旄牛尾也。菉謂之蔌。蔌者、菜茹之總名。見詩。白蓋謂之苫。白茅苫也。今江東呼為蓋。黃金謂之盪、其美者謂之鏐。白金謂之銀、其美者謂之鐐。此皆道金銀之別名及精者。鏐即紫磨金。鉼金謂之鈑。周禮曰、祭五帝即供金鈑、是也。錫謂之鈏。白鑞。象謂之鵠、角謂之觷、犀謂之剒、木謂之剫、玉謂之雕。左傳曰、山有木、工則剫之。五者皆治樸之名。金謂之鏤、木謂之刻、骨謂之切、象謂之磋、玉謂之琢、

磨璆琳畢
筆點銑
鏃志
弓弭
銚珧珪
玠琡
宣璧瑗
環繸
縓赬纁葱
黝黼柢

石謂之磨。六者皆治器之名。璆、琳，玉也。璆、琳，美玉名。簡謂之畢。今簡札也。不律謂之筆。蜀人呼筆爲不律也。語之變轉。滅謂之點。以筆滅字爲點。絕澤謂之銑。銑即美金，言最有光澤也。國語曰，玦之以金銑者，謂此也。金鏃翦羽謂之鍭。今之錍箭是也。骨鏃不翦羽謂之志。今之骨骲是也。弓有緣者謂之弓。緣者繳纏之，即今宛轉也。無緣者謂之弭。今之角弓也。左傳曰，左執鞭弭。以金者謂之銑，以蜃者謂之珧，以玉者謂之珪。用金、蚌、玉飾弓兩頭，因取其類以爲名。珧，小蚌。珪大尺二寸謂之玠。詩曰，錫爾玠珪。璋大八寸謂之琡。璋，半珪也。璧大六寸謂之宣。漢書所云瑄玉是也。肉倍好謂之璧。肉，邊。好，孔。好倍肉謂之瑗。孔大而邊小。肉好若一謂之環。孔邊適等。繸，綬也。即佩玉之組，所以連繫瑞玉者，因通謂之繸。一染謂之縓。今之紅也。再染謂之赬。淺赤。三染謂之纁。纁，絳也。青謂之葱。淺青。黑謂之黝。黝，黑貌。周禮曰，陰祀用黝牲。斧謂之黼。黼文畫斧形，因名云。邸謂之柢。根柢，皆物

琢兹箷　笫辨韏鏤　卣　重敏經迭柳　灑離　鼖應　毊巢和　沂　嘂鏞

之邸。邸即底、通語也。雕謂之琢。治玉名也。蓐謂之兹。公羊傳曰、屬負兹。兹者蓐席也。竿謂之箷。衣架。簀謂之笫。牀版。革中絕謂之辨。中斷皮也。革中辨謂之韏。復分半也。鏤、鋑也。刻鏤物為鋑。卣、中尊也。不大不小者。

釋樂第七

宮謂之重、商謂之敏、角謂之經、徵謂之迭、羽謂之柳。皆五音之別名。其義未詳。大瑟謂之灑。長八尺一寸、廣一尺八寸、二十七絃。大琴謂之離。或曰、琴大者二十七絃。未詳長短。廣雅曰、琴長三尺六寸六分、五絃。大鼓謂之鼖。鼖長八尺。小者謂之應。詩曰、應鞞縣鼓。在大鼓側。大磬謂之毊。毊形似犂錧、以玉石為之。大笙謂之巢。列管瓠中、施簧管端、大者十九簧。小者謂之和。十三簧者。鄉射記曰、三笙一和而成聲。大篪謂之沂。篪以竹為之、長尺四寸、圍三寸、一孔、上出一寸三分、名翹、橫吹之。小者尺二寸。廣雅云、八孔。大塤謂之嘂。塤、燒土為之、大如鵝子、銳上平底、形如稱錘、六孔。小者如雞子。大鐘謂之鏞、書曰、笙鏞以閒。亦名鑮。音

剽棧言 笅簥 篞篎産 仲箹步和 謠咢修 蹇止 籈 麻料節 穹蒼 蒼天 昊天

博。其中謂之剽，小者謂之棧。大簫謂之言，編二十三管，長尺四寸。小者謂之笅。十六管，長尺二寸。簫一名籟。大管謂之簥，管長尺，圍寸，併漆之，有底。賈氏以爲如篪，六孔。其中謂之篞，小者謂之篎。大籥謂之産，籥如笛，三孔而短小。廣雅云七孔。其中謂之仲，小者謂之箹。徒鼓瑟謂之步。獨作之。徒吹謂之和，徒歌謂之謠。詩云：我歌且謠。徒擊鼓謂之咢。詩云：或歌或咢。徒鼓鐘謂之修，徒鼓磬謂之蹇。未見義所出。所以鼓柷謂之止，柷如漆桶，方二尺四寸，深一尺八寸，中有椎柄，連底桐之，令左右擊。止者其椎名。所以鼓敔謂之籈。敔如伏虎，背上有二十七鉏鋙，刻以木，長尺，櫟之。籈者其名。大磬謂之麻，小者謂之料。麻者音概而長也。料者聲清而不亂。和樂謂之節。

釋天第八

穹蒼，蒼天也。天形穹隆，其色蒼蒼，因名云。春爲蒼天，萬物蒼蒼然生。夏爲昊天，言氣

旻天 上天 四時 青陽 朱明 白藏 玄英 玉燭 發生 長嬴 收成 安寧 通正 景風 醴泉 祥 饑 饉 荒 荐 災

晧旰。秋爲旻天、旻猶愍也。愍萬物彫落。冬爲上天。言時無事、在上臨下而已。

四時

春爲青陽、氣青而溫陽。夏爲朱明、氣赤而光明。秋爲白藏、氣白而收藏。冬爲玄英。氣黑而清英。四氣和謂之玉燭。道光照。春爲發生、夏爲長嬴、秋爲收成、冬爲安寧。此亦四時之別號。尸子皆以爲太平祥風。四時和爲通正、道平暢也。謂之景風。所以致景風。甘雨時降、萬物以嘉、莫不善之。謂之醴泉。所以出醴泉。

祥

穀不熟爲饑、五穀不成。蔬不熟爲饉、凡草菜可食者、通名爲蔬。果不熟爲荒、果、木子。仍饑爲荐。連歲不熟、左傳曰、今又荐饑。

災

閼逢 旃蒙
柔兆 強圉
著雍 屠維 上章
重光 玄黓
昭陽
歲陽
攝提格 單閼
執徐 大荒落
敦牂 協洽
涒灘 作噩
閹茂 大淵獻
困敦 赤奮若
載[2] 歲 祀 年
歲名

太歲在甲曰閼逢、在乙曰旃蒙、在丙曰柔兆、在丁曰強圉、在戊曰著雍、在己曰屠維、在庚曰上章、在辛曰重光、在壬曰玄黓、在癸曰昭陽。

歲陽

太歲在寅曰攝提格、在卯曰單閼、在辰曰執徐、在巳曰大荒落、在午曰敦牂、在未曰協洽、在申曰涒灘、在酉曰作噩、在戌曰閹茂、在亥曰大淵獻、在子曰困敦、在丑曰赤奮若。

載、歲也。夏曰歲、（取歲星行一次。）商曰祀、（取四時一終。）周曰年、（取禾一熟。）唐虞曰載。（取物終更始。）

歲名

畢橘修圉厲
則窒塞終極
月陽
陬如寎余
皋且相壯玄
陽辜涂
月名
凱風谷風涼風
泰風頹

月在甲曰畢、在乙曰橘、在丙曰修、在丁曰圉、在戊曰厲、在巳曰則、在庚曰窒、在辛曰塞、在壬曰終、在癸曰極。

月陽

正月爲陬、離騷云攝提貞於孟陬。二月爲如、三月爲寎、四月爲余、五月爲臯、六月爲且、七月爲相、八月爲壯、九月爲玄、國語云至於玄月。是也。十月爲陽、純陰用事、嫌於無陽、故以名云。十一月爲辜、十二月爲涂。皆月之別名。自歲陽至此、其事義皆所未詳通者、故闕而不論。

月名

南風謂之凱風、詩曰凱風自南。東風謂之谷風、詩云習習谷風。北風謂之涼風、詩云北風其涼。西風謂之泰風、詩云泰風有隧。焚輪謂之頹、暴風從上下。扶搖謂

猋庉飄　暴霾曀　雺霧晦　雩螮蝀挈貳　蔽雲霆霓霄雪　涷　霢霂淫　霖霽　風雨　壽星天根天駟

之猋。暴風從下上。風與火爲庉。庉庉熾盛之貌。迴風爲飄。旋風也。日出而風爲暴。詩云終風且暴。風而雨土爲霾。詩曰終風且霾。陰而風爲曀。詩曰終風且曀。天氣下地不應曰雺。言蒙昧。地氣發天不應曰霧。霧謂之晦。言晦冥。螮蝀謂之雩。螮蝀虹也。俗名爲美人虹。江東呼雩音芌。蜺爲挈貳。蜺雌虹也見離騷挈貳其別名見尸子。弇日爲蔽雲。即暈氣五彩覆日也。疾雷爲霆霓。雷之急激者謂霹靂。雨霓爲霄雪。詩曰如彼雨雪先集維霰霰水雪雜下者故謂之消雪。暴雨謂之涷。今江東呼夏月暴雨爲涷雨離騷云令飄風兮先驅使涷雨兮灑塵是也。涷音東西之東。小雨謂之霢霂。詩曰益之以霢霂。久雨謂之淫。左傳曰天作淫雨。淫謂之霖。雨自三日已上爲霖。濟謂之霽。今南陽人呼雨止爲霽。霽音薺。

風雨

壽星角亢也。數起角亢列宿之長故曰壽。天根氐也。角亢下繫於氐若木之有根。天駟房也。龍爲大辰[2]　津　箕斗之間　星紀　玄枵　顓頊之虛　北陸　定　娵觜之口　降婁　大梁　西陸　畢　柳[2]　北辰　牽牛　启明　欃槍　彴約　星名

天馬、故房四星謂之天駟。大辰。房、心、尾也。龍星明者以爲時候、故曰大辰。大火謂之大辰。大火、心也。在中最明、故時候主焉。析木謂之津。即漢津也。箕斗之閒、漢津也。箕、龍尾。斗、南斗。天漢之津梁。星紀、斗、牽牛也。牽牛、斗者、日月五星之所終始、故謂之星紀。玄枵、虛也。虛在正北、北方色黑。枵之言耗、耗亦虛意。顓頊之虛、虛也。顓頊水德、位在北方。北陸、虛也。虛星之名凡四。營室謂之定。定、正也。作宮室皆以營室中爲正。娵觜之口、營室、東壁也。營室東壁星四方似口、因名云。降婁、奎、婁也。奎爲溝瀆、故名降。大梁、昴也。西陸、昴也。昴、西方之宿、別名旄頭。濁謂之畢。掩兔之畢或呼爲濁、因星形以名。咮謂之柳。咮、朱鳥之口。柳、鶉火也。鶉、鳥名。火、屬南方。北極謂之北辰。北極、天之中、以正四時。何鼓謂之牽牛。今荊楚人呼牽牛星爲檐鼓。檐者、荷也。明星謂之启明。太白星也。晨見東方爲启明、昏見西方爲太白。彗星爲欃槍。亦謂之孛、言其形孛孛似埽彗。奔星爲彴約。流星。

星名

祠 礿 嘗 蒸
燔柴 瘞薶 庪縣
浮沈 布
磔 是禷 是禡
既伯既禱
禘 繹
繹 肜 復胙
祭名
蒐 苗 獮
狩[2] 獠
乃立冢土 戎醜攸行

春祭曰祠、(祠之言食。)夏祭曰礿、(新菜可汋。)秋祭曰嘗、(嘗新穀。)冬祭曰蒸。(進品物也。)祭天曰燔柴、(既祭、積薪燒之。)祭地曰瘞薶、(既祭埋藏之。)祭山曰庪縣、(或庪或縣、置之於山。山海經曰、縣以吉玉是也。)祭川曰浮沈、(投祭水中、或浮或沈。)祭星曰布、(布散祭於地。)祭風曰磔。(今俗當大道中磔狗、云以止風、此其象。)是禷是禡、師祭也。(師出征伐、類於上帝、禡於所征之地。)既伯既禱、馬祭也。(伯、祭馬祖也。將用馬力、必先祭其先。)禘、大祭也。(五年一大祭。)繹、又祭也。(祭之明日、尋繹復祭。)周曰繹、(春秋經曰、壬午猶繹。)商曰肜、(書曰、高宗肜日。)夏曰復胙。(未見義所出。)

祭名

春獵爲蒐、(搜索取不任者。)夏獵爲苗、(爲苗稼除害。)秋獵爲獮、(順殺氣也。)冬獵爲狩。(得獸取之無所擇。)宵田爲獠、(管子曰、獠獵畢弋。今江東亦呼獵爲獠。音遼。或曰即今夜獵載鑪照也。)火田爲狩。(放火燒草獵、亦爲狩。)乃立冢土、戎醜攸行。(冢土、大社。戎醜、大衆。)起大事、動大衆、必先

宜　振旅闐闐

有事乎社而後出、謂之宜。有事祭也。周官所謂宜乎社。振旅闐闐。振旅、整衆。闐闐、羣行聲。

出爲治兵　入爲振旅

出爲治兵、尚威武也。幼賤在前、貴勇力。入爲振旅、反尊卑也。尊老在前、復常儀也。

講武

講武

素錦綢杠　纁帛縿
素陞龍于縿

練旒九　飾以組
維以縷

旐旆

旌旂旟

旃

素錦綢杠、以白地錦韜旗之竿。纁帛縿、纁帛、絳也。縿、衆旒所著。素陞龍于縿、畫白龍於縿、令上向。練旒九、練、絳練也。飾以組、用綦組飾旒之邊。維以縷。用朱縷維連持之、不欲令曳地。周禮曰、六人維王之大常是也。緇廣充幅長尋曰旐、帛全幅長八尺。繼旐曰旆。帛續旐末爲燕尾者。義見詩。注旄首曰旌。載旄於竿頭、如今之幢、亦有旒。有鈴曰旂。縣鈴於竿頭、畫蛟龍於旒。錯革鳥曰旟。此謂合剝鳥皮毛置之竿頭、即禮記云載鴻及鳴鳶。因章曰旃。以帛練爲旒、因其文章、不復畫之。周禮云、通帛爲旃。

旌旂

旌旂

釋地第九

冀州 豫州 雝州
荆州 楊州 兖州
徐州 幽州 營州

九州

大野 大陸 楊陓
孟諸 雲夢
具區 海隅 昭余祁
圃田 焦護

十藪

兩河間曰冀州、自東河至西河。河南曰豫州、自南河至漢。河西曰雝州、自西河至黑水。漢南曰荆州、自漢南至衡山之陽。江南曰楊州、自江南至海。濟河間曰兖州、自河東至濟。濟東曰徐州、自濟東至海。燕曰幽州、自易水至北狄。齊曰營州。自岱東至海。此蓋殷制。

九州

魯有大野、今高平鉅野縣東北大澤是也。晉有大陸、今鉅鹿北廣河澤是也。秦有楊陓、今在扶風汧縣西。宋有孟諸、今在梁國睢陽縣東北。楚有雲夢、今南郡華容縣東。吴越之間有具區、今吴縣南太湖即震澤是也。齊有海隅、海濱廣斥。燕有昭余祁、今太原鄔陵縣北九澤是也。鄭有圃田、今熒陽中牟縣西圃田澤是也。周有焦護。今扶風池陽縣瓠中是也。

十藪

阠 息慎 威夷 朱滕 西隃鴈門 加陵 湨梁 河墳 八陵 珣玗琪 竹箭 犀象 金石 珠玉 璆琳琅玕 筋角

東陵阠、南陵息慎、西陵威夷、中陵朱滕、北陵西隃鴈門是也。即鴈門山也。陵莫大於加陵。今所在未聞。梁莫大於湨梁。湨，水名。梁，隄也。墳莫大於河墳。墳，大防。

八陵

東方之美者，有醫無閭之珣玗琪焉。醫無閭，山名，今在遼東。珣玗琪，玉屬。東南之美者，有會稽之竹箭焉。會稽，山名，今在山陰縣南。竹箭，篠也。南方之美者，有梁山之犀象焉。犀牛皮角，象牙骨。西南之美者，有華山之金石焉。黃金礝石之屬。西方之美者，有霍山之多珠玉焉。霍山，今在平陽永安縣東北。珠，如今雜珠而精好。西北之美者，有崐崘虛之璆琳琅玕焉。璆琳，美玉名。琅玕，狀似珠也。山海經曰：崐崘山有琅玕樹。北方之美者，有幽都之筋角焉。幽都，山名。謂多野牛筋角。東北之美者，有斥

文皮 五穀魚鹽

九府

比目魚 鰈

比翼鳥 鶼鶼

比肩獸

蟨

比肩民

枳首蛇

山之文皮焉。虎豹之屬皮有縟綵者。中有岱岳與其五穀魚鹽生焉。言泰山有魚鹽之饒。

九府

東方有比目魚焉，不比不行，其名謂之鰈。狀似牛脾，鱗細，紫黑色，一眼，兩片相合乃得行。今水中所在有之，江東又呼爲王餘魚。南方有比翼鳥焉，不比不飛，其名謂之鶼鶼。似鳧，青赤色，一目一翼，相得乃飛。西方有比肩獸焉，與邛邛岠虛比，爲邛邛岠虛齧甘草，即有難，邛邛岠虛負而走，其名謂之蟨。呂氏春秋曰：北方有獸，其名爲蟨，鼠前而兔後，趨則頓，走則顛，然則邛邛岠虛亦宜鼠後而兔前，前高不得取甘草，故須蟨食之。今鴈門廣武縣夏屋山中有獸，形如兔而大，相負共行，土俗名之爲蟨鼠。音厥。北方有比肩民焉，迭食而迭望。此即半體之人，各有一目、一鼻、一孔、一臂、一脚，亦猶魚鳥之相合，更望備驚急。中有枳首蛇焉。岐頭蛇也。或曰：今江東呼兩頭蛇爲越王約髮，亦名弩弦。此四方

五方　郊牧野林　坰隰平原　陸皐陵阿原　阪溼菑　新田畬　野　四極　四荒

中國之異氣也。

五方

邑外謂之郊、郊外謂之牧、牧外謂之野、野外謂之林、林外謂之坰。邑國都也。假令百里之國、五十里之界、界各十里也。下溼曰隰、大野曰平、廣平曰原、高平曰陸、大陸曰阜、大阜曰陵、大陵曰阿。可食者曰原。可種穀給食。陂者曰阪。阪陀不平。下者曰溼。公羊傳曰、下平曰隰。田一歲曰菑、今江東呼初耕地反草爲菑。二歲曰新田、詩曰、于彼新田。三歲曰畬。易曰、不菑畬。

野

東至於泰遠、西至於邠國、南至於濮鉛、北至於祝栗、謂之四極。皆四方極遠之國。觚竹、北戶、西王母、日下、謂之四荒。觚竹在北、北戶在南、西王

四海　丹穴　空桐　太平　太蒙　四極　敦丘　陶丘　融丘　崐崘丘　椉丘　陼丘　泥丘　胡丘　京丘

毋在西，日下在東，皆四方昏荒之國，次四極者。九夷、八狄、七戎、六蠻，謂之四海。九夷在東，八狄在北，七戎在西，六蠻在南，次四荒者。岠齊州以南戴日爲丹穴。岠，去也。齊，中也。北戴斗極爲空桐。戴，值。東至日所出爲太平，西至日所入爲太蒙。即蒙汜也。太平之人仁，丹穴之人智，太蒙之人信，空桐之人武。地氣使之然也。

四極

釋丘第十

丘一成爲敦丘，成猶重也。周禮曰：爲壇三成。今江東呼地高堆者爲敦。再成爲陶丘。今濟陰定陶城中有陶丘。再成銳上爲融丘。纖頂者。三成爲崐崘丘。崐崘山三重，故以名云。如椉者，椉丘。形似車椉也。或云椉謂稻田塍埒。如陼者，陼丘。水中小洲爲陼。水潦所止，泥丘。頂上汙下者。方丘，胡丘。形四方。絕高爲之京。人力所作。非人爲之丘。地自然生。水潦所還

埒丘　章丘　都丘　梧丘
畫丘　戴丘
昌丘　湑丘　沮丘　正丘
營丘　敦丘　沙丘
咸丘　臨丘　旄丘　陵丘
阿丘　宛丘　負丘
定丘　泰丘　畝丘
陵丘　宛丘2
潛丘　州黎丘　名丘

埒丘（謂丘邊有界埒，水繞環之。）上正，章丘。（頂平。）澤中有丘，都丘。（在池澤中。）當途，梧丘。（途，道。）途出其右而還之，畫丘。（言爲道所規畫。）途出其前，戴丘。（道出丘南。）途出其後，昌丘。（道出丘北。）水出其前，湑丘。水出其後，沮丘。水出其右，正丘。水出其左，營丘。（今齊之營丘，淄水過其南及東。）如覆敦者，敦丘。（敦，盂也。）邐迆，沙丘。（旁行連延。）左高，咸丘。右高，臨丘。前高，旄丘。（詩云：旄丘之葛兮。）後高，陵丘。偏高，阿丘。（詩云：陟彼阿丘。）宛中，宛丘。（宛謂中央隆高。）丘背有丘爲負丘。（此解宛丘中央隆峻，狀如負一丘於背上。）左澤，定丘。右陵，泰丘。（宋有太丘社，云見史記。）如畝，畝丘。（丘有壟界如田畝。）如陵，陵丘。（陵，大阜也。）丘上有丘爲宛丘。（嫌人不了，故重曉之。）陳有宛丘，（今在陳郡陳縣。）晉有潛丘，（今在太原晉陽縣。）淮南有州黎丘。（今在壽春縣。）天下有名丘五，其三在河南，其二在河北。（說者多以州黎、宛、營爲河南，潛、敦爲河北者。案：此方稱天下之名丘，恐此諸丘碌碌，未足用當之，殆自别更有

丘
隩2隈畢
岸滸墳
厓氾澂
厓崖
華嶽岱恒衡
陟英坯崧

魁梧桀大者五，但未詳其名號，今者所在耳。

丘

望厓洒而高，岸。厓，水邊。洒謂深也。視厓峻而水深者曰岸。夷上洒下，不漘。厓上平坦而下水深者爲漘。不，發聲。隩，隈。今江東呼爲浦隩。淮南子曰：漁者不爭隈。厓內爲隩，外爲隈。別厓表裏之名。畢，堂牆。今終南山道名畢，其邊若堂之牆。重厓，岸。兩厓累者爲岸。岸上，滸。岸上地。墳，大防。謂隄。涘爲厓。謂水邊。窮瀆，汜。水無所通者。谷者，溦。通於谷。

厓岸

釋山第十一

河南，華。華陰山。河西，嶽。吳嶽。河東，岱。岱宗，泰山。河北，恒。北嶽，恒山。江南，衡。衡山，南嶽。山三襲，陟。襲亦重。再成，英。兩山相重。一成，坯。書曰：至于太伾。山大而高，崧。今中嶽嵩

岑　嶠　扈　巋　峘　嶧　蜀　章　隆　岡　翠　微　冢　厜　㕒　密　盛　巒　隒　厒　霍　鮮　陘　磝　礐　岵　峐　埒　澩　谿　崔　嵬　砠　澗　澞

高山蓋依此名。山小而高、岑。言岑崟。銳而高、嶠。言鐵峻。卑而大、扈。扈、廣貌。小而眾、巋。小山叢羅。小山岌大山、峘。岌謂高過。屬者、嶧。言駱驛相連屬。獨者、蜀。蜀亦孤獨。上正、章。山上平。宛中、隆。山中央高。山脊、岡。謂山長脊。未及上、翠微。近上旁陂。山頂、冢。山巔。崒者、厜㕒。謂山峯頭巉巖。山如堂者、密。形似堂室者。尸子曰、松柏之鼠、不知堂密之有美樅。如防者、盛。防、隄。巒、山墮。謂山形長狹者。荆州謂之巒。詩曰、墮山喬嶽。重甗、隒。謂山形如累兩甗。甗、甑。山狀似之、因以名云。左右有岸、厒。夾山有岸。大山宮小山、霍。宮謂圍繞之。禮記曰、君為廬宮之、是也。小山別大山、鮮。不相連。山絕、陘。連山中斷絕。多小石、磝。多礓礫。多大石、礐。多盤石。多草木、岵。無草木、峐。皆見詩。山上有水、埒。有停泉。夏有水、冬無水、澩。有停潦。山豄無所通、谿。所謂窮瀆者。雖無所通、與水注川同名。石戴土謂之崔嵬。石山上有土者。土戴石為砠。土山上有石者。山夾水、澗。陵夾水、澞。別山陵間有水者之名。山

岫 夕陽 朝陽
東嶽 西嶽 南嶽 北嶽
中嶽 梁山
瀸 瀱汋
濫泉 正出 沃泉 縣出
氿泉 穴出 湀闢 過辨
灉 潬 汧
肥 瀵

有穴爲岫。謂巖穴。山西曰夕陽，暮乃見日。山東曰朝陽。旦即見日。泰山爲東嶽，華山爲西嶽，霍山爲南嶽，即天柱山，潛水所出。恒山爲北嶽，常山。嵩高爲中嶽，大室山也。梁山，晉望也。晉國所望祭者，今在馮翊夏陽縣西北臨河上。

釋水第十二

泉一見一否爲瀸。瀸纔有貌。井一有水一無水爲瀱汋。山海經曰：天井夏有水冬無水。即此類也。濫泉正出，正出，涌出也。公羊傳曰：直出。直猶正也。沃泉縣出，縣出，下出也。從上溜下。氿泉穴出，穴出，仄出也。從旁出也。湀闢，流川。通流。過辨，回川。旋流。灉，反入。即河水決出復還入者。河之有灉，猶江之有沱。潬，沙出。今江東呼水中沙堆爲潬。音但。汧，出不流。水泉潛出便自停成汙池。歸異出同流，肥。毛詩傳曰：所出同，所歸異，爲肥。瀵，大出尾下。今河東汾陰縣有水，口如車輪許，濆沸涌出，其深無限，名之爲瀵。馮翊郃陽縣復有瀵，亦如之，相去數里而夾河。河中陼上又有一瀵，瀵源皆潛相通。在汾陰者，人壅其流以爲陂，種稻，呼其

厬 灉 濋
灛 波 潛 滸 沱
洵 沙 濆 汧
汜 瀾
淪 徑 沱 灉 濆
滸 湄
揭 厲
揭 涉 厲
泳 紼
縭 造舟 維舟
方舟 特舟

本所出處爲瀵魁、此是也。尾猶底也。水醮曰厬。（謂水醮盡。）水自河出爲灉、（書曰、灉沮會同。）濟爲濋、汶爲灛、洛爲波、漢爲潛、（書曰、沱潛既道。）淮爲滸、江爲沱、（書曰、岷山導江、東別爲沱。）過爲洵、潁爲沙、汝爲濆。（詩曰、遵彼汝濆。皆大水溢出、別爲小水之名。）水決之澤爲汧。（水決入澤中者、亦名爲汧。）決復入爲汜。（水出去復還。）河水清且瀾漪、大波爲瀾、（言渙瀾。）小波爲淪、（言蘊淪。）直波爲徑。（有徑涏。）江有沱、河有灉、汝有濆。（此故上水別出耳、所作者重見。）滸、水厓。（水邊地。）水草交爲湄。（詩曰、居河之湄。）濟有深涉、（謂濟渡之處。）深則厲、淺則揭。揭者、揭衣也。（謂褰裳也。）以衣涉水爲厲。（衣謂褌。）縣膝以下爲揭、縣膝以上爲涉、縣帶以上爲厲。（縣、自也。）潛行爲泳。（水底行也。晏子春秋曰、潛行逆流百步、順流七里。）汎汎揚舟、紼縭維之。紼、繂也。（繂、索。）縭、緌也。（緌、繫。）天子造舟、（比船爲橋。）諸侯維舟、（維連四船。）大夫方舟、（併兩船。）士特

乘泭谿谷溝　澮瀆洐洄　泝游亂四瀆2　水泉　洲陼沚坻　潏　水中　河

舟、單舩。庶人乘泭。併木以渡。水注川曰谿、注谿曰谷、注谷曰溝、注溝曰澮、注澮曰瀆。此皆道水轉相灌注所入之處名。逆流而上曰泝洄、順流而下曰泝游。皆見詩。正絕流曰亂。直橫渡也。書曰、亂于河。江、河、淮、濟爲四瀆。四瀆者、發原注海者也。

水泉

水中可居者曰洲、小洲曰陼、小陼曰沚、小沚曰坻。人所爲爲潏。人力所作。

水中

河出崐崘虛、色白。山海經曰、河出崐崘西北隅。虛、山下基也。所渠并千七百、一川色黃。潛流地中、汩漱沙壤、所受渠多、衆水溷淆、宜其濁黃。百里一小曲、千里一曲一直。公羊傳曰、河曲流、河千里

河曲

徒駭　太史　馬頰　覆鬴

胡蘇　簡　絜　鉤盤　鬲津

九河

一曲一直。

河曲

徒駭、今在成平縣、義所未聞。太史、今所在未詳。馬頰、河勢上廣下狹，狀如馬頰。覆鬴、水中可居，往往而有，狀如覆釜。胡蘇、東莞縣今有胡蘇亭，其義未詳。簡、水道簡易。絜、水多約絜。鉤盤、水曲如鉤，流盤桓也。鬲津。水多阨狹，可隔以爲津而橫渡。

九河

從釋地已下至九河、皆禹所名也。

經三千五百六十四字
注四千三百二十二字

爾雅卷中

爾雅釋音卷中

釋宮第五

扆倚宧夷窔要柣于結閾域楔古黠樞昌朱椳於回㞆士坫店杇烏椹砧
榩虔黝於糾堊於故樴徒得杙亦楎暉臬魚列闍都榤竭垣袁塒時宋云
廇力又棁拙閞卞槉疾楶節桴浮榱衰檐簷樀滴簃丈知筄矅鄉向
屏卑井宁佇閍補耕觀貫衖巷塾熟橛其月闑魚列瓴靈甋的甓蒲見壼苦本
劇極隄低杠江徛寄陜狹

釋器第六

籩邊盎烏浪缶方九瓿蒲口瓵移瓠胡甈契斪衢斸丁錄定多佞鐯張略斛鍬
疀插緵子弄罭域嫠離笱狗罺嘲汕所諫篧士角槮桑感罝嗟罞茆彘滯

罻鬱罛孤䍥壁罿衝罬拙罦浮絇其俱分粉卣由旒流䘽倪襮博

緣餘絹純之閏䘤允褮營匕眥才細衱劫袸賤褑院衽稔袺結扱揷襜昌占

褘暉縭離緌汝誰纀卜捎四綃鑣表驕鱴魚列轙儀餀呼蓋餯許穢饐意餲隘

糷輦糪柏餒奴罪斮莊略鮨祁醢海臡泥垽魚靳鼐耐圜袁鼒咨釴亦

款苦管鬲力鬵尋鉹侈璲遂區羌于翮戶革縳篆緷袞虡巨藣畢蔌速

盍合盪蕩鏐留鐐遼鉼餅鈑板鈏引鵠斛觷嶽剒錯剫鐸璆求

銑蘇典鏃作木緣掾弭尾蜃腎珧姚琡俶好耗瑗院縓緅戀赬敕呈纁勳

黝於糾邸氐蓐辱箷移笫側士辨片韏眷鋄蘇婁卣酉

釋樂第七

徵知矢灑所蟹鼖墳應膺毊虛嬌篪池沂銀塤喧嘂叫剽瓢棧盞筊交

簥嬌篞乃結篎妙籥藥箹渥吹昌睡和胡卧咢五各寋紀偃柷昌孰敔語籈眞

鼗桃料聊

釋天第八

長丁丈嬴盈荐賤閼烏割著直略重直龍黓亦牂臧洽峽涒湯昆噩五各閹掩

敦頓窒知乙塞先北陬側留寎乎柄且子余相息亮涂徒凱口改穨徒回猋必遥庉徒袞

飄瓢雨芋曀於計應膺雺蒙螮帝蝀丁孔雩于句挈苦結弇掩霆廷霓倪

霰酥練涷東霡麥霂木霖林濟祖細霽祖計亢剛氐低析昔枵許嬌顓專

頊旭虛墟定多佞娵子瑜觜咨降胡江咮猪究何胡可启啓欃初銜槍初庚彴蒲握

礿藥燔煩庪居委縣玄磔責禷類禡罵禘大計肜容胙昨蒐搜獮息淺

狩手又獠遼闐田綢叨杠江纁勳縿衫廣土曠長直亮旐兆旆佩旄毛旟餘

釋地第九

雝於用濟子礼陓於于藪叟阠信隃式湨古壁珣荀玗于會古外稽古兮崘路昆

虛虛厈尺鰈牒鶼兼邛巨凶岠巨齧五結難乃旦蟨厥迭徒結枳居是坰古螢

溼隰陂披阪反菑緇畬餘邠彬濮卜觚孤

釋丘第十

敦都昆銳惠乘繩正陼渚潦老而還旋渻所景沮辭與覆敦堆邐呂紙

迆余紙定丁佞厓牙洒先典漘脣隩奥隈烏回重直龍滸虎涘士汜似溦眉

釋山第十一

坯備悲崧嵩嶠喬巋丘鬼岌魚泣峘桓屬燭嶧亦崒子恤厜姊規㕒危盛成

嶞湯果重直龍甗言隒儼厒口閣別彼列鮮息淺陘形礉苦交礐殼岵戶峐起

澩學磧讀崔徂回嵬五回砠七余澞虞

釋水第十二

見現否卑美瀸纖瀱計汋仕捉縣玄氿軌仄側湀揆過古禾辨片灉於用

潬但汧牽瀵糞厬軌濋楚汶問灛闡沱陀過烏洹禾潁餘頃濆墳瀾爛

漪衣湄眉濟子細揭上二字音憩下丘竭繇由上時掌紼弗縭离繂律緌如誰造七到

洄捋澮古外泝素陼渚坻池潏述虛墟駭諧楷頰劫覆扶服鬴父鬲革

爾雅卷中

萑茖葝蒚薜
椵櫬
术楊莿

爾雅卷下

郭璞注

釋草第十三

萑，山韭。茖，山葱。葝，山䪥。蒚，山蒜。今山中多有此菜，皆如人家所種者。茖葱細莖大葉。薜，山蘄。廣雅云，山蘄，當歸。當歸，今似蘄而麤大。椵，木槿。櫬，木槿。別二名也。似李樹，華朝生夕隕，可食。或呼日及，亦曰王蒸。术，山薊。本草云，术，一名山薊。今术似薊而生山中。楊，枹薊。似薊而肥大，今呼之馬薊。莿，王蔧。

菉拜蘩
蒿蔚齧薦
蔨葝菥蓂
蒤孟瓠棲
茹藘栝樓荼
萑虉粢
眾荏菽卉蒫
蘥蘾萰蘩黃
茢薽荓藱
茭葖淔

王帚也。似藜、其樹可以爲埽篲。江東呼之曰落帚。菉、王芻。菉蓐也。今呼鴟腳莎。拜、蔏藋。蔏藋亦似藜。蘩、皤蒿。白蒿。蒿、菣。今人呼青蒿香中炙啖者爲菣。蔚、牡菣。無子者。齧、彫蓬。薦、黍蓬。別蓬種類。蔨、鼠莞。亦莞屬也。纖細似龍須、可以爲席、蜀中出好者。葝、鼠尾。可以染皁。菥蓂、大薺。似薺葉細、俗呼之曰老薺。蒤、虎杖。似紅草而麤大、有細刺、可以染赤。孟、狼尾。似茅、今人亦以覆屋。瓠棲、瓣。瓠中瓣也。詩云、齒如瓠棲。茹藘、茅蒐。今之蒨也、可以染絳。果臝之實、栝樓。今齊人呼之爲天瓜。荼、苦菜。詩曰、誰謂荼苦。苦菜可食。萑、蓷。今茺蔚也。葉似荏、方莖、白華、華生節間。又名益母、廣雅云。虉、綬。小草、有雜色、似綬。粢、稷。今江東人呼粟爲粢。眾、秫。謂黏粟也。戎叔謂之荏菽。即胡豆也。卉、草。百草總名。蒫、雀弁。未詳。蘥、雀麥。即燕麥也。蘾、烏蕵。萰、菟荄。蘩、菟蒵。皆未詳。黃、菟瓜。菟瓜似上[九]瓜。茢薽、豕首。本草曰、彘盧、一名蟾蠩蘭。今江東呼豨首、可以煼蠶蛹。荓、馬帚。似蓍、可以爲掃篲。藱、懷羊。未詳。茭、牛蘄。今馬蘄、葉細銳、似芹、亦可食。葖、蘆萉。萉宜爲菔、蘆菔、蕪菁屬。紫華大根、俗呼雹葖。淔、

茵筍簜
莪苨經莕荇
白華薜菲
葍熒
葋竹葴
薢茩莁荑
瓞[2]芍
蘱蕛鉤䪥
蘇薔蓧虋
芑秬秠

灌。未詳。茵、芝。芝一歲三華、瑞草。筍、竹萌。初生者。簜、竹。竹別名。儀禮曰簜在建鼓之閒謂簫管之屬。

莪、蘿。今莪蒿也、亦曰藁蒿。苨、菧苨。薺苨。經、履。未詳。莕、接余。其葉苻。叢生水中、葉圓在莖端長短隨水深淺、江東食之、亦呼為莕。音杏。

白華、野菅。菅、茅屬。詩曰、白華菅兮。薜、白蘄。即上山蘄。菲、芴。即土瓜也。葍、营。大葉白華、根如指、正白、可啖。熒、委萎。藥草也。葉似竹、大者如箭竿有節、葉狹而長、表白裏青、根大如指、長一二尺、可啖。

葋、艼熒。未詳。竹、萹蓄。似小藜赤莖節、好生道旁、可食、又殺蟲。葴、寒漿。今酸漿草、江東呼曰苦葴。音針。

薢茩、芵茪。芵明也。葉黃銳、赤華、實如山茱萸。或曰蔆也。關西謂之薢茩。音皆。莁荑、蔱蘠。一名白蕢。瓞、瓝。其紹瓞。俗呼瓝瓜為瓞。紹者、瓜蔓緒、亦著子、但小如瓝。芍、鳧茈。生下田、苗似龍須而細、根如指頭、黑色、可食。

蘱、薡董。似蒲而細。蕛、苵。蕛似稗、布地生、穢草。鉤、芺。大如拇指、中空、莖頭有臺、似薊、初生可食。䪥、鴻薈。即䪥菜也。蘇、桂荏。蘇、荏類、故名桂荏。薔、虞蓼。虞蓼、澤蓼。蓧、蓨。未詳。虋、赤苗。今之赤粱粟。芑、白苗。今之白粱粟、皆好穀。秬、黑黍。詩曰、維秬維秠。秠、一稃二米。此亦黑黍、但中米異

卷下　釋草第十三

稌葍　臺藆莔　荍艾蕈　苻薜　蔜離南蘢　須蒡莤　菌柱夫出隧　蘄茝　茨蘮蒘髦　雚蕁

耳。漢和帝時任城生黑黍或三四實實二米得黍三斛八斗是。稌、稻。今沛國呼稌。葍、藑茅。葍華有赤者為藑。藑葍一種耳。亦猶菱苕華黃白異名。臺、夫須。鄭箋詩云、臺可以為禦雨笠。藆、藅。未詳。莔、貝母。根如小貝、員而白華、葉似韭。荍、蚍衃。今荊葵也。似葵紫色。謝氏云、小草、多華少葉、葉又翹起。艾、冰臺。今艾蒿。蕈、亭歷。實葉皆似芥。一名狗薺。廣雅云。音典。苻、鬼目。今江東有鬼目草、莖似葛、葉員而毛、子如耳璫也。赤色叢生。薜、庾草。未詳。蔜、藧蔞。今蘩蔞也。或曰鷄腸草。離南、活莌。草生江南、高丈許、大葉、莖中有瓤、正白。零陵人祖曰(十)貫之為樹。蘢、天蘥。須、葑蓯。未詳。蒡、隱荵。似蘇有毛、今江東呼為隱荵。藏以為葅、亦可瀹食。莤、蔓于。草生水中、一名軒于、江東呼莤。音猶。菌、蘆。作履苴草。柱夫、搖車。蔓生、細葉、紫華、可食。今俗呼曰翹搖車。出隧、蘧蔬。蘧蔬似土菌、生菰草中、今江東啖之、甜滑。音氍毹。蘄茝、蘪蕪。香草、葉小如萎狀。淮南子云、似蛇牀。山海經云、臭如蘪蕪。茨、蒺蔾。布地蔓生、細葉、子有三角、刺人。見詩。蘮蒘、竊衣。似芹、可食、子大如麥、兩兩相合、有毛、著人衣。髦、顛蕀。細葉有刺、蔓生、一名商蕀。廣雅云、女木也。雚、芄蘭。雚芄蔓生、斷之有白汁、可啖。蕁、莐藩。生山上、葉如韭、

薃侯　蕍　蔨　莥　薃侯
媞　莞　蒚
荷　茄
蕸　蔤　菡　萏　蓮
藕　的　薏　紅　蘬
蒫　黂　枲　須
菲　蕢　蘠　蘼
萹　濼　莙
蓫　薚　萍
蘋　莃　芹

一曰提母。蕍、蕮。今澤蕮。蔨、鹿蘿。其實莥。今鹿豆也。葉似大豆，根黃而香，蔓延生。薃侯、莎。其實媞。夏小正曰：媞也者，莎蕦。媞者，其實。莞，苻蘺。其上蒚。今西方人呼蒲爲莞蒲。蒚謂其頭臺首也。今江東謂之苻蘺，西方亦名蒲中莖爲蒚，用之爲席。音羽翮。荷、芙渠。別名芙蓉，江東呼荷。其莖茄，其葉蕸。其本蔤。莖下白蒻在泥中者。其華菡萏。見詩。其實蓮。蓮謂房也。其根藕。其中的。蓮中子也。的中薏。中心苦。紅，蘢古。其大者蘬。俗呼紅草爲蘢鼓，語轉耳。蒫，薺實。薺子名。黂，枲實。禮記曰：苴，麻之有黂。枲，麻。別二名。須，蕵蕪。蕵蕪似羊蹄，葉細，味酢，可食。菲，蒠菜。菲草生下溼地，似蕪菁，華紫赤色，可食。蕢，赤莧。今之莧赤莖者。蘠蘼，虋冬。門冬，一名滿冬。本草云。萹苻，止。未詳。濼，貫衆。葉員銳，莖毛黑，布地，冬不死。一名貫渠。廣雅云貫節。莙，牛藻。似藻，葉大，江東呼爲馬藻。蓫薚，馬尾。廣雅曰：馬尾，蔏陸。本草云別名薚。今關西亦呼爲薚，江東呼爲當陸。萍，蓱。水中浮蓱，江東謂之薸。音瓢。其大者蘋。詩曰：于以采蘋。莃，菟葵。頗似葵而小，葉狀如藜，有毛，汋啖之滑。芹、

蕒　苹連　澤傅蘦蔆　大菊薜葥　齧藫　蘜唐蒙女蘿苗　菫芨蘵　蒝蘱垂蕧　茡㕯藐　倚商蘵藹車

楚葵。今水中芹菜。薚、牛蘈。今江東呼草爲牛蘈者，高尺餘許，方莖，葉長而鋭，有穗，穗間有華，華紫縹色，可淋以爲飲。蕒、牛脣。毛詩傳曰：水蕮也，如續斷，寸寸有節，拔之可復。茡、蘈蕭。今蘈蒿也，初生亦可食。連、異翹。一名連苕，又名連草，本草云。澤、烏蕵。即上蕵也。傅、橫目。一名結縷，俗謂之鼓箏草。蘦、蔓華。一名蒙華。蔆、蕨攗。蔆，今水中芰。大菊、蘧麥。一名麥句薑，即瞿麥。薜、牡蘈。未詳。葥、山莓。今之木莓也，實似藨莓而大，亦可食。齧、苦菫。今菫葵也，葉似柳，子如米，汋食之滑。藫、石衣。水苔也，一名石髮，江東食之。或曰藫葉似䪥而大，生水底，亦可食。蘜、治蘠。今之秋華菊。唐、蒙、女蘿。女蘿、菟絲。別四名。詩云：爰采唐矣。苗、蓨。未詳。菫、蒛葐。覆葐也，實似莓而小，亦可食。芨、菫草。即烏頭也，江東呼爲菫，音靳。蘵、百足。未詳。蒝、戎葵。今蜀葵也，似葵，華如木槿華。蘱、狗毒。樊光云：俗語苦如蘱。垂、比葉。未詳。蕧、盜庚。旋蕧，似菊。茡、麻母。苴麻盛子者。㕯、九葉。今江東有草，五葉共叢生一莖，俗因名爲五葉，即此類也。藐、茈草。可以染紫。一名茈莀，廣雅云。倚商、活脫。即離南也。蘵、黃蒢。蘵草葉似酸漿，華小而白，中心黃，江東以作葅食。藹

權 葞 蔠葵 菋 蒤 皇 鉤 望 困 攫 杜 盱 蔝 赤枹薊 菟奚 中馗 菌 蕺 苕 蔈 茇 蘪 薇 薜 莽 桃枝 粼 簢 仲 篙 篠 枹 素華

車、芞輿。藒車、香草。見離騷。權、黃華。今謂牛芸草爲黃華。華黃、葉似荍蓿。葞、春草。一名芒草。本草云。蔠葵、蘩露。承露也。大莖小葉、華紫黃色。菋、荎藸。五味也。蔓生、子叢在莖頭。蒤、委葉。詩云：以茠蒤蓼。皇、守田。似燕麥、子如彫胡米、可食、生廢田中、一名守氣。鉤、藈姑。鉤𤓰也、一名王瓜、實如瓝瓜、正赤、味苦。望、乘車。可以爲索、長丈餘。困、衱袶。未詳。攫、烏階。即烏杷也、子連相著、狀如杷齒、可以染皂。杜、土鹵。杜衡也、似葵而香。盱、虺牀。蛇牀也、一名馬牀。廣雅云。蔝、薂。未聞。赤、枹薊。即上枹薊。菟奚、顆凍。款凍也、紫赤華、生水中。中馗、菌。地蕈也、似蓋、今江東名爲土菌、亦曰馗厨、可啖之。小者菌。大小異名。蕺、小葉。未聞。苕、陵苕。一名陵時。本草云。黃華、蔈。白華、茇。苕華色異、名亦不同。音沛。蘪、從水生。生於水中。薇、垂水。生於水邊。薜、山麻。似人家麻、生山中。莽、數節。竹類也、節間促。桃枝、四寸有節。今桃枝節間相去多四寸。粼、堅中。竹類也、其中實。簢、筡中。言其中空、竹類。仲、無笐。亦竹類、未詳。篙、箭萌。萌、筍屬也。周禮曰：篙菹鴈醢。篠、箭。別二名。枹、霍首。素華、

芏蘻葴　姚莖芐蒙　拔蘢菤耳　蕨蕎　蘩莣稂　藨的購　茢葽繞　茦蕭薚　長楚蘦　芣苢馬舄

軌皺。皆未詳。芏、夫王。芏草生海邊、似莞蘭、今南方越人采以爲席。蘻、月爾。即紫蘻也。似蕨可食。葴、馬藍。今大葉冬藍也。姚莖、涂薺。未詳。芐、地黃。一名地髓、江東呼芐。音怙。蒙、王女。蒙即唐也。女蘿別名。拔、蘢葛。似葛、蔓生、有節。江東呼爲龍尾、亦謂之虎葛、細葉赤莖。藗、牡茅。白茅屬。菤耳、苓耳。廣雅云、枲耳也。亦云胡枲。江東呼爲常枲。或曰苓耳。形似鼠耳、叢生如盤。蕨、虌。廣雅云紫蘻、非也。初生無葉、可食。江西謂之虌。蕎、邛鉅。今藥草大戟也。本草云。蘩、由胡。未詳。莣、杜榮。今莣草、似茅、皮可以爲繩索履屩也。稂、童粱。稂、莠類也。藨、麃。麃即莓也。今江東呼爲藨莓、子似覆盆而大、赤、酢甜可啖。的、薂。即蓮實也。購、蔏蔞。蔏蔞、蔞蒿也。生下田、初出可啖、江東用羹魚。茢、勃茢。一名石芸。本草云。葽繞、棘蒬。今遠志也。似麻黃、赤華、葉銳而黃、其上謂之小草。廣雅云。茦、刺。草刺針也。關西謂之刺、燕北朝鮮之間曰茦。見方言。蕭、萩。即蒿。薚、海藻。藥草也。一名海蘿、如亂髮、生海中。本草云。長楚、銚芅。今羊桃也。或曰鬼桃。葉似桃、華白、子如小麥、亦似桃。蘦、大苦。今甘草也。蔓延生、葉似荷、青黃、莖赤有節、節有枝相當。或二〔十二〕蘦似地黃。芣苢、馬舄。馬舄、車前。今車前草、大葉長穗、好生道邊、江東呼爲

綸組　帛布荒　縣馬萿　搴蒿芺薊荂　蔈荂猋藨　芀葭[2]蒹菼　虇蕍芛　葟華卷施草　蒟茭攫　華[3]荂

蝦蟆衣。綸似綸，組似組，東海有之。綸，今有秩嗇夫所帶糾青絲綸。組，綬也。海中草生彩理有象之者，因以名云。帛似帛，布似布，華山有之。草葉有象布帛者，因以名云。生華山中。荒，東蠡。未詳。縣馬，羊齒。草細葉，葉羅生而毛，有似羊齒。今江東呼爲鴈齒，繅者以取繭緒。萿，麋舌。今麋舌草，春生，葉有似於舌。搴，柜朐。未詳。蘩之醜，秋爲蒿。醜，類也。春時各有種名，至秋老成，皆通呼爲蒿。芺，薊，其實荂。芺與薊莖頭皆有蓊臺，名荂。荂即其實。音俘。蔈、荂，荼。即芀。猋、藨，芀。皆芀荼之別名。方俗異語，所未聞。葦醜，芀。其類皆有芀秀。葭，華。即今蘆也。蒹，薕。似萑而細，高數尺。江東呼爲蒹藡。音廉。葭，蘆。葦也。菼，薍。似葦而小，實中。江東呼爲烏蓲。音丘。其萌虇。今江東呼蘆筍爲虇，然則萑葦之類，其初生者皆名虇。音繾綣。蕍，芛，葟、華，榮。釋言云：華，皇也。今俗呼草木華初生者爲芛。音豬豬。蕍猶敷蕍，亦華之貌。所未聞。卷施草，拔心不死。宿莽也。離騷云。蒟、茭，今江東呼藕紹緒如指，空中可啖者爲茭茭，即此類。茭、根，別二名。俗呼韭根爲茭。攫，橐含。未詳。華、荂也。今江東呼華爲荂。音敷。華、荂，榮也。轉相解。木謂之華，草

榮秀英　稻栲柏髡　椵梅柀櫠　杻櫟　椋栵樓　柚時楥栩　味藲杜狄貢綦　朹聊魄　梫

謂之榮，不榮而實者謂之秀，榮而不實者謂之英。

釋木第十四

稻，山榎。今之山楸。栲，山樗。栲似樗，色小白，生山中，因名云。亦類漆樹。柏，椈。禮記曰：鬯臼以椈。髡，梱。未詳。椵，柂。白椵也。樹似白楊。梅，柟。似杏，實酢。柀，煔。煔似松，生江南，可以為船及棺材，作柱埋之不腐。櫠，椵。柚屬也。子大如盂，皮厚二三寸，中似枳，食之少味。杻，檍。似棣，細葉，葉新生可飼牛，材中車輞。關西呼杻子，一名土橿。櫟，木瓜。實如小瓜，酢可食。椋，即來。今椋材中車輞。栵，栭。樹似檞樕而庳小，子如細栗，可食。今江東亦呼為栭栗。樓，落。可以為杯器素。柚，條。似橙實酢，生江南。時，英梅。雀梅。楥，柜桏。未詳。或曰：桏當為柳，柜柳似柳，皮可以煑作飲。栩，杼。柞樹。味，荎著。釋草已有此名，疑誤重出。藲，茎。今之刺榆。杜，甘棠。今之杜梨。狄，臧槔。貢，綦。皆未詳。朹，繫梅。朹樹狀似梅，子如指頭，赤色，似小柰，可食。朻者，聊。未詳。魄，榽橀。魄，大木，細葉，似檀。今江東多有之。齊人諺曰：上山斫檀，榽橀先殫。梫，木桂。今南人呼桂厚皮者為木桂。桂樹葉似枇杷而大，白華，華而不著子，叢生巖嶺，枝葉冬夏常青，間無雜木。棆無疵。棆、楩屬、似豫章。椐、樻。腫節可以爲杖。檉、河柳。今河旁赤莖小楊。旄、澤柳。生澤中者。

楊、蒲柳。可以爲箭。左傳所謂董澤之蒲。權、黃英。輔、小木。權輔皆未詳。杜、赤棠。白者棠。

棠色異、異其名。諸慮、山櫐。今江東呼櫐爲藤、似葛而麤大。欇、虎櫐。今虎豆。纏蔓林樹而生、莢有毛刺、今江東呼爲欇欇。

音涉。杞、枸檵。今枸杞也。杬、魚毒。杬、大木、子似栗、生南方、皮厚汁赤、中藏卵果。檓、大椒。今椒樹叢生實大者名爲檓。

梫、鼠梓。楸屬也。今江東有虎梓。楓、欇欇。楓樹似白楊、葉圓而岐、有脂而香、今之楓香是。寓木、宛童。寄生樹、一名蔦。

无姑、其實夷。无姑、姑榆也。生山中、葉圓而厚、剝取皮合漬之、其味辛香、所謂无夷。櫟、其實梂。有梂彙自裹。檖、

蘿。今楊檖也。實似梨而小、酢可食。楔、荊桃。今櫻桃。旄、冬桃。子冬熟。榹桃、山桃。實如桃而小、不解核。休、

无實李。一名趙李。痤、椄慮李。今之麥李。駁、赤李。子赤。棗、壺棗。今江東呼棗大而銳上者爲壺。

壺猶瓠也。邊、要棗。子細腰、今謂之鹿盧棗。櫅、白棗。即今棗子白熟。樲、酸棗。樹小實酢。孟子曰、養其樲棗。

楊徹、齊棗。未詳。遵、羊棗。實小而圓、紫黑色、今俗呼之爲羊矢棗。孟子曰、曾晳嗜羊棗。洗、大棗。

煑 蹶洩 皙
棯棗 櫬 樸 謂櫬
采薪 棪 劉
櫰 守宮槐
槐 榎 楸
榎 椅 桋 棟
終 灌木 瘣木
蕡 枹
棫 梨 梔
女桑 榆 唐棣

今河東猗氏縣出大棗、子如雞卵。煑、填棗。未詳。蹶洩、苦棗。子味苦。皙、無實棗。不著子者。還味、棯棗。還味、短苦。櫬、梧。今梧桐。樸、枹者。樸屬叢生者爲枹。詩所謂棫樸枹櫟。謂櫬、采薪。采薪、即薪。指解今樵薪。棪、槤其。棪實似柰、赤可食。劉、劉杙。劉子生山中、實如梨、酢甜、核堅、出交趾。櫰、槐大葉而黑。槐樹葉大色黑者名爲櫰。守宮槐、葉晝聶宵炕。槐葉晝日聶合而夜炕布者名爲守宮槐。槐、小葉曰榎。槐當爲楸、楸細葉者爲榎。大而皵、楸。老乃皮麤皵者爲楸。小而皵、榎。小而皮麤皵者爲榎。左傳曰使擇美榎。椅、梓。即楸。桋、赤棟。白者棟。赤棟樹葉細而岐銳、皮理錯戾、好叢生山中、中爲車輞。白棟、葉員而岐、爲大木。終、牛棘。即馬棘也、其刺麤而長。灌木、叢木。詩曰集于灌木。瘣木、苻婁。謂木病尫傴癭腫無枝條。蕡、藹。樹實繁茂菴藹。枹、遒木、魁瘣。謂樹木叢生、根枝節目盤結磈磊。棫、白桵。桵、小木叢生有刺、實如耳璫、紫赤可啖。梨、山樆。即今梨樹。桑辨有葚、梔。辨、半也。女桑、桋桑。今俗呼桑樹小而條長者爲女桑樹。榆、白枌。枌榆先生葉、卻著莢、皮色白。唐棣、

常棣檟
樕樸榮棧木
檿桑柛椔
翳槸棤梢
樅檜
喬₂朻
喬苞茂₂
祝髦喬條
莍核
華之膽之疐之鑽之

杝。似白楊、江東呼夫杝。常棣、棣。今山中有棣樹、子如櫻桃、可食。檟、苦荼。樹小似梔子、冬生葉、可煑作羹飲。今呼早采者爲荼、晚取者爲茗。一名荈、蜀人名之苦荼。樕樸、心。槲樕別名。榮、桐木。即梧桐。棧木、干木。橿木也。江東呼木觡。檿桑、山桑。似桑、材中作弓及車轅。木自獘、柛。獘踣。立死、椔。不獘頓。蔽者、翳。樹蔭翳覆地者。詩云、其椔其翳。木相磨、槸。樹枝相切磨。棤、皵。謂木皮甲錯。梢、梢擢。謂木无枝柯、梢擢長而殺者。樅、松葉柏身。今大廟梁材用此木。尸子所謂松柏之鼠、不知堂密之有美樅。檜、柏葉松身。詩曰、檜楫松舟。句如羽、喬。樹枝曲卷似鳥毛羽。下句曰朻、上句曰喬。如木楸曰喬、楸樹性上竦。如竹箭曰苞、篠竹性叢生。如松柏曰茂、枝葉婆娑。如槐曰茂。言亦扶踈茂盛。祝、州木。髦、柔英。皆未詳。槐棘醜喬、枝皆翹竦。桑柳醜條、阿那垂條。椒榝醜莍、莍萸子聚生成房貌。今江東亦呼莍。榝似茱萸而小、赤色。桃李醜核、子中有核人。瓜曰華之、桃曰膽之、棗李曰疐之、樝棃曰鑽之。皆啖食治擇之名。樝似棃而酢澀。見

喬 檄 灌 螫 蜚 蠙 衙 蜩 螗 蜩 蚻 蠽 蝒 蜺 蜓 蚞 蛣 蜣 蝎 蠰 諸 慮 蜉 蝣 蛂 蠸 蝚 不 蜩

禮記。小枝上繚爲喬。謂細枝皆翹繚上句者、名爲喬木。無枝爲檄。檄擢直上。木族生爲灌。族、叢。

釋蟲第十五

螫、天螻。螻蛄也。夏小正曰、螫則鳴。蜚、蠦蜰。蜰即負盤、臭蟲。蠙、衙、入耳。蚰蜒。蜩、蜋蜩、夏小正傳曰、蜋蜩者、五彩具。螗蜩。夏小正傳曰、螗蜩者、蝘。俗呼爲胡蟬、江南謂之螗蛦。音荑。蚻、蜻蜻。如蟬而小。方言云、有文者謂之蠽。夏小正曰、鳴蚻虎懸。蠽、茅蜩。江東呼爲茅截、似蟬而小、青色。蝒、馬蜩。蜩中最大者爲馬蟬。蜺、寒蜩。寒螿也。似蟬而小、青赤。月令曰、寒蟬鳴。蜓蚞、螇螰。即蝭蟧也。一名蟪蛄、齊人呼螇螰。蛣蜣、蜣蜋。黑甲蟲、噉糞土。蝎、蛣蜛。木中蠹蟲。蠰、齧桑。似天牛、長角、體有白點、喜齧桑樹、作孔入其中。江東呼爲齧髮。諸慮、奚相。未詳。蜉蝣、渠略。似蛣蜣、身狹而長有角、黃黑色。叢生糞土中、朝生暮死。豬好啖之。蛂、蟥蛢。甲蟲也。大如虎豆、綠色。今江東呼黃蛢。音瓶。蠸、輿父、守瓜。今瓜中黃甲小蟲、喜食瓜葉、故曰守瓜。蝚、蛖螻。蛖螻、螻蛄類。不蜩、王

蛄𧊵不過　蜱蛸蒺藜蝝　蟋蟀蟼蛝𧒂螽　草螽蜤螽蟿螽　土螽螼蚓　莫貈虰蛵　蛶蟔蟠　蟫𧕚翰傅　強蛶蜆　蚍蜉螘蠪䗥

蚁。未詳。蛄𧊵、強蛘。今米穀中蠹小黑蟲是也。建平人呼爲𧎘子。音芊姓。不過、蟷蠰。蟷蠰，螗蜋別名。其
子蜱蛸。一名䗚蟭，蟷蠰卵也。蒺藜、蝍蛆。似蝗而大腹，長角，能食蛇腦。蝝、蝮蜪。蝗子未有翅者。外傳
曰：蟲舍蚳蝝。蟋蟀、蛬。今促織也，亦名青蛚。蟼、蟆。蛙類。蛝、馬䗃。馬蠲蚐，俗呼馬蝬。𧒂、𧒂螽、蠜。
詩曰：趯趯𧒂螽。草螽、負蠜。詩云：喓喓草蟲，謂常羊也。蜤螽、蜙蝑。蜙𧍪也。俗呼蝽蝚。蟿螽、螇
蚸。今俗呼似蜙𧍪而細長，飛翅作聲者爲螇蚸。土螽、蠰谿。似蝗而小，今謂之土𧒂。螼蚓、蜸蚕。即𧒭
蟺也，江東呼寒蚓。莫貈、蟷蜋、蛑。蟷蜋，有斧蟲，江東呼石蜋。孫叔然以方言說此義，亦不了。虰蛵、負勞。或曰即蜻
蛉也，江東呼狐棃，所未聞。蛶、毛蠹。即載。蟔、蛅蟴。載屬也。今青州人呼載爲蛅蟴。孫叔然云八角螫蟲，失之。蟠、鼠
負。瓮器底蟲。蟫、白魚。衣書中蟲，一名蛃魚。𧕚、羅。𧕚蛾。翰、天雞。小蟲，黑身赤頭，一名莎雞，又曰樗雞。傅、
負版。未詳。強、蚚。即強醜捋。蛶、螪何。未詳。蜆、縊女。小黑蟲，赤頭，喜自經死，故曰縊女。
蚍蜉、大螘。俗呼爲馬蚍蜉。小者螘。齊人呼蟻蛘。蠪、朾螘。赤駮蚍蜉。䗥、飛螘。有翅。其

蚳 次蟗 鼅鼄 土鼅鼄
草鼅鼄 土蠭
木蠭 蟦 蠐螬
蛜威 蟰蛸 蛭蝚
國貉 蠖 果蠃
螟蛉 蝎 熒火
密肌 蚅 蠓 王
蟓 雔由
蚢 鏄
奮 捋 螸 扇

子蚳。蚳，蟻卵。周禮曰：蜃蚳醢。次蟗，鼅鼄。鼅鼄，鼄蝥。今江東呼蝃蝥。蝥音掇。土鼅鼄。在地中布網者。草鼅鼄。絡幕草上者。土蠭。今江東呼大蠭在地中作房者爲土蠭，啖其子，即馬蠭。今荆巴間呼爲蟺。音憚。木蠭。似土蠭而小，在樹上作房，江東亦呼爲木蠭，又食其子。蟦，蠐螬。在糞土中。蝤蠐，蝎。在木中。今雖通名爲蝎，所在異。蛜威，委黍。舊說鼠婦別名，然所未詳。蟰蛸，長踦。小鼅鼄長脚者，俗呼爲喜子。蛭蝚，至掌。未詳。國貉，蟲蠁。今呼蛹蟲爲蠁。廣雅云：土蛹，蠁蟲。蠖，蚇蠖。今蝍蝛。果蠃，蒲盧。即細腰蠭也，俗呼爲蠮螉。螟蛉，桑蟲。俗謂之桑蟃，亦曰戎女。蝎，桑蠹。即蛣蝠。熒火，即炤。夜飛，腹下有火。密肌，繼英。未詳。蚅，烏蠋。大蟲如指，似蠶。見韓子。蠓，蠛蠓。小蟲似蚋，喜亂飛。王，蛈蜴。即蛈蝪，似鼅鼄，在穴中，有蓋。今河北人呼蛈蝪。蟓，桑繭。食桑葉作繭者，即今蠶。雔由，樗繭，食樗葉。棘繭，食棘葉。欒繭。食欒葉。蚢，蕭繭。食蕭葉。皆蠶類。翥醜鏬，剖母背而生。螽醜奮，好奮迅作聲。強醜捋，以脚自摩捋。蠭醜螸，垂其腴。蠅醜扇，好搖翅。食苗心

螟蟘賊蟊蟲
豸
鯉鱣鰋鮎
鱧鯇鯊鮂鰼
鰹鮵䰾鮡鰝
鯤鱀
鱦
鮥
鯦

螟、食葉蟘、食節賊、食根蟊。分別蟲啖食禾所在之名耳。皆見詩。有足謂之蟲、

無足謂之豸。

釋魚第十六

鯉。今赤鯉魚。鱣。鱣、大魚。似鱏而短鼻、口在頷下、體有邪行甲、無鱗、肉黃、大者長二三丈、今江東呼爲黃魚。鰋。今鰋額白魚。鮎。別名鯷、江東通呼鮎爲鮧。鱧。鮦也。鯇。今鯶魚、似鱒而大。鯊、鮀。今吹沙小魚、體圓而有點文。鮂、黑鰦。即白鯈、江東呼爲鮂。鰼、鰌。今泥鰌。鰹、大鮦。小者鮵。今青州呼小鱺爲鮵。䰾、大鱯。小者鮡。鱯似鮎而大、白色。鰝、大鰕。鰕大者出海中、長二三丈、鬚長數尺、今青州呼鰕魚爲鰝。音酆鄗。鯤、魚子。凡魚之子總名鯤。鱀、是鱁。鱀、鱁屬也。體似鱏、尾如鯯魚、大腹、喙小、銳而長、齒羅生、上下相銜、鼻在額上、能作聲、少肉多膏、胎生、健啖細魚、大者長丈餘、江中多有之。鱦、小魚。家語曰、其小者鱦魚也。今江東亦呼魚子未成者爲鱦。音繩。鮥、鮛鮪。鮪、鱣屬也。大者名王鮪、小者名鮛鮪。今宜都郡自京門以上江中通出鱏鱣之魚、有一魚狀似鱣而小、建平人呼鮥子、即此魚也。音洛。鯦、當魱。海魚也。似鯿而大鱗、肥美多鯁、今江東呼其最大長三尺者爲當魱。

鮤鱊鮬

徽魵鮅魴鯬鯠

蜎蛭科斗

魁陸蜪蚅鼁䵹

黽蜌蚌

能賁

蚹蠃蠃蜬螖蠌

蟧螷珧龜靈

謝果獵類

若貝贆蜬

音胡。鮤，鱭刀。今之鮆魚也。亦呼為魛魚。鱊鮬，鱖鯞。小魚也。似鮒子而黑。俗呼為魚婢，江東呼為妾魚。魚有力者，徽。強大多力。魵，鰕。出穢邪頭國。見呂氏字林。鮅，鱒。似鱓子赤眼。魴，魾。江東呼魴魚為鯿，一名魾，音毗。鯬，鯠。未詳。蜎，蠉。井中小蛣蟩赤蟲，一名孑孓。廣雅云。蛭，蟣。今江東呼水中蛭蟲入人肉者為蟣。科斗，活東。蝦蟆子。魁陸。本草云：魁狀如海蛤，員而厚，外有理縱橫，即今之蚶也。蜪蚅。未詳。鼁䵹，蟾諸。似蝦蟆，居陸地，淮南謂之去蚥。在水者黽。耿黽也，似青蛙，大腹，一名土鴨。蜌，螷。今江東呼蚌長而狹者為螷。蚌，含漿。蚌即蜃也。鼈三足能，龜三足賁。山海經曰：從山多三足鼈，大若山多三足龜。今吳興郡陽羨縣君山上有池，池中出三足鼈，又有六眼龜。蚹蠃，螔蝓。即蝸牛也。蠃，小者蜬。螺大者如斗，出日南漲海中，可以為酒杯。螖蠌，小者蟧。螺屬，見埤蒼。或曰即彭螖也，似蟹而小。音滑。螷，小者珧。珧，玉珧，即小蚌。龜，俯者靈，行頭低。仰者謝，行頭仰。前弇諸果，甲前長。後弇諸獵，甲後長。左倪不類，行頭左庳，今江東所謂左食者，以甲卜審。右倪不若。行頭右庳，為右食，甲形皆爾。貝，居陸贆，在水者蜬。水陸

魧　鰿
玄貝　餘貾　餘泉
蚆　蜬　蟦
蠑螈　蜥蜴　蝘蜓
蛈　螣　蟒
蝮　虺
鯢　鰕　丁
乙　丙
神龜　靈龜
攝龜

異名也。貝中肉如科斗，但有頭尾耳。大者魧，書大傳曰：大貝如車渠。車渠謂車輞，即魧屬。小者鰿。今細貝亦有紫色者，出日南。
玄貝，貽貝。黑色貝也。餘貾，黃白文。以黃為質，白為文點。餘泉，白黃文。以白為質，黃為
文點。今之紫貝以紫為質，黑為文點。蚆，博而頯。頯者中央廣，兩頭銳。蜬，大而險。險者謂污薄。蟦，小而
蟦。即上小貝。蟦謂狹而長。此皆說貝之形容。蠑螈，蜥蜴；蜥蜴，蝘蜓；蝘蜓，守宮也。轉相
解，博異語，別四名也。蛈蛪。蝮屬，大眼，最有毒。今淮南人呼蛪子。音惡。螣，螣蛇。龍類也，能興雲霧而遊其中。淮南云蟒蛇。蟒，
王蛇。蟒，蛇最大者，故曰王蛇。蝮虺，博三寸，首大如擘。身廣三寸，頭大如人擘指。此自一種蛇，名為蝮
虺。鯢大者謂之鰕。今鯢魚似鮎，四脚，前似獮猴，後似狗，聲如小兒啼，大者長八九尺。魚枕謂之丁，
枕在魚頭骨中，形似篆書丁字，可作印。魚腸謂之乙，魚尾謂之丙。此皆似篆書字，因以名焉。禮記曰：魚
去乙。然則魚之骨體盡似丙丁之屬，因形名之。一曰神龜，龜之最神明。二曰靈龜，涪陵郡出大龜，甲可以卜，緣中
文似瑇瑁，俗呼為靈龜，即今觜蠵龜，一名靈蠵，能鳴。三曰攝龜，小龜也。腹甲曲折，解能自張閉，好食蛇，江東呼為陵龜。四曰

寶龜　文龜　筮龜
山龜　澤龜　水龜　火龜
佳其　鶌鳩　鳲鳩
鵧鳩　鴡鳩
鵅　鶅　鴗
鷚　鵱鷜
鶬　鴔　舒鴈
舒鳧　鳽　輿

寶龜、書曰、遺我大寶龜。五曰文龜、甲有文彩者。河圖曰、靈龜負書、丹甲青文。六曰筮龜、常在蓍叢下潛伏、見龜策傳。七曰山龜、八曰澤龜、九曰水龜、十曰火龜。此皆說龜生之處所。火龜猶火鼠耳、物有含異氣者、不可以常理推、然亦無所怪。

釋鳥第十七

佳其、鳺鴀。今鵓鳩。鶌鳩、鶻鵃。似山鵲而小、短尾、青黑色、多聲。今江東亦呼為鶻鵃。鳲鳩、鴶鵴。今之布穀也。江東呼為穫穀。鵧鳩、鵧鷑。小黑鳥、鳴自呼、江東名為烏鵧。鴡鳩、王鴡。鵰類。今江東呼之為鶚、好在江渚山邊食魚。毛詩傳曰、鳥摯而有別。鵅、鵋鵙。今江東呼鵂鶹為鵋鵙、亦謂之鴝鵒。音格。鶅、鵧軌。未詳。鴗、天狗。小鳥也。青似翠、食魚、江東呼為水狗。鷚、天鸙。大如鷃雀、色似鶉、好高飛作聲。今江東名之天鷚。音繆。鵱鷜、鵝。今之野鵝。鶬、麋鴰。今呼鶬鴰。鴔、烏鸔。水鳥也。似鶂而短頸、腹翅紫白、背上綠色、江東呼烏鸔。音駮。舒鴈、鵝。禮記曰、出如舒鴈。今江東呼鴚。音加。舒鳧、鶩。鴨也。鳽、鵁鶄。似鳧、脚高毛冠、江東人家養之、以厭火災。輿、鵛鷋。

鵜 鶾 鷽 鷣 齧齒 鶨 鳸 桑鳸 鳭鷯 桃蟲 鴱 鶠 皇 鵖鴒 鸒斯 燕 鴽 密肌 巂周 燕燕 鴟鴞 狂 怪鴟 梟 鵲 鷇 雛 爰居 春鳸 夏鳸 秋鳸

未詳。鵜、鴮鸅。今之鵜鶘也、好羣飛、沈水食魚、故名洿澤。俗呼之為淘河。鶾、天雞。鶾雞赤羽。逸周書曰、文鶾若彩雞、成王時蜀人獻之。鷽、山鵲。似鵲而有文彩、長尾、觜腳赤。鷣、負雀。鷣、鷂也、江南呼之為鷣、善捉雀、因名云。音淫。齧齒、艾。未詳。鶨、鶀老。鴩鶨也、俗呼為癡鳥。鳸、鴳。今鴳雀。桑鳸、竊脂。俗謂之青雀、觜曲食肉、好盜脂膏、因名云。鳭鷯、剖葦。好剖葦皮食其中蟲、因名云。江東呼蘆虎、似雀、青斑、長尾。桃蟲、鷦。其雌鴱。鷦䳕、桃雀也、俗呼為巧婦。鶠、鳳。其雌皇。瑞應鳥。雞頭、蛇頸、燕頷、龜背、魚尾、五彩色、其高六尺許。鵖鴒、雝渠。雀屬也。飛則鳴、行則搖。鸒斯、鵯鶋。雅烏也。小而多羣、腹下白、江東亦呼為鵯烏。音匹。燕、白脰烏。脰、頸。鴽、鴾母。鵪也。青州呼鴾母。密肌、繫英。釋蟲以有此名、疑誤重。巂周。子巂鳥出蜀中。燕燕、鳦。詩云、燕燕于飛。一名玄鳥、齊人呼鳦。鴟鴞、鸋鴂。鴟類。狂、茅鴟。今鳩鴟也、似鷹而白。怪鴟。即鵂鶹也、見廣雅。今江東通呼此屬為怪鳥。梟、鴟。土梟。鵲鷅、劉疾。未詳。生哺、鷇。鳥子須母食之。生噣、雛。能自食。爰居、雜縣。國語曰、海鳥爰居。漢元帝時、琅邪有大鳥如馬駒、時人謂之爰居。春鳸、鳻鶞。夏鳸、竊玄。秋鳸、竊

冬鳸 桑鳸 棘鳸 行鳸 宵鳸
鵖鴔 鵀
鷀
鶆 鶛 痺 鸍 鴢
鵽鳩
萑 鵵 鶦鳥 狂
皇 翠 鸀
蝙蝠 晨風 鸉
寇雉 鷏 鷉
鼯鼠

藍。冬鳸、竊黃。桑鳸、竊脂。棘鳸、竊丹。行鳸、唶唶。宵鳸、嘖嘖。諸鳸皆因其毛色音聲以爲名。竊藍、青色。鵖鴔、戴鵀。鵀即頭上勝、今亦呼爲戴勝。鵖鴔猶鶝鶔、語聲轉耳。鵅、澤虞。今婟澤鳥、似水鴞、蒼黑色、常在澤中、見人輒鳴喚不去、有象主守之官、因名云。俗呼爲護田鳥。鷀、鷧。即鸕鷀也。觜頭曲如鉤、食魚。鶆、鶉。其雄鶛、牝痺。鷄鶉屬。鸍、沈鳧。似鴨而小、長尾、背上有文、今江東亦呼爲鸍。音施。鴢、頭鵁。似鳧、脚近尾、略不能行、江東謂之魚鵁。音髐箭。鵽鳩、寇雉。鵽大如鴿、似雌雉、鼠脚、無後指、岐尾。爲鳥憨急羣飛、出北方沙漠地。萑、老鵵。木兔也。似鴟鵂而小、兔頭、有角、毛脚、夜飛、好食雞。鶨、鶦鳥。似雉、青身、白頭。狂、鸏鳥。狂鳥五色、有冠、見山海經。皇、黃鳥。俗呼黃離留、亦名摶黍。翠、鷸。似燕、紺色、生鬱林。鸀、山烏。似烏而小、赤觜、穴乳、出西方。蝙蝠、服翼。齊人呼爲蟙𧏙、或謂之仙鼠。晨風、鸇。鷂屬。詩曰、鴥彼晨風。鸉、白鷢。似鷹、尾上白。寇雉、泆泆。即鵽鳩也。鷏、蟁母。似烏鸔而大、黃白雜文、鳴如鴿聲。今江東呼爲蚊母。俗說此鳥常吐蚊、故以名云。鷉、須鸁。鷉、鷿鷉、似鳧而小、膏中瑩刀。鼯鼠、夷由。狀如小狐、似蝙蝠、肉翅、翅尾項脅毛紫赤色、背上蒼艾色、腹下黃、喙頷雜白、脚

倉庚鴩
鷹　鶼鶼　鵹黃
鴷　鸄　鷵
鷺　鷂雉　鷮雉
鳪雉　鷩雉　秩秩
鸐　韓雉　奮
翬
鷂　翯　鶅
鵗　鷷　鵌　鼵

短爪長、尾三尺許、飛且乳、亦謂之飛生。聲如人呼、食火煙、能從高赴下、不能從下上高。倉庚、商庚。即鵹黃也。鴩、鋪敊。未詳。鷹、鶆鳩。鶆當為鷞字之誤耳。左傳作鷞鳩是也。鶼鶼、比翼。說已在上。鵹黃、楚雀。即倉庚也。鴷、斲木。口如錐、長數寸、常斲樹食蟲、因名云。鸄、鶶鷵。似烏、蒼白色。鸕、諸雉。未詳。或云即今雉。鷺、舂鉏。白鷺也。頭翅背上皆有長翰毛、今江東人取以為睫攡、名之曰白鷺縗。鷂雉。青質五彩。鷮雉。即鷮雞也。長尾、走且鳴。鳪雉。黃色、鳴自呼。鷩雉。似山雞而小冠、背毛黃、腹下赤、項綠色鮮明。秩秩、海雉。如雉而黑、在海中山上。鸐、山雉。長尾者。韓雉、鵫雉。今白鵫也。江東呼白韓、亦名白雉。雉絕有力、奮。最健鬭。伊洛而南、素質五采皆備成章曰翬。翬亦雉屬、言其毛色光鮮。江淮而南、青質五采皆備成章曰鷂。即鷂雉也。南方曰翯、東方曰鶅、北方曰鵗、西方曰鷷。說四方雉之名。鳥鼠同穴、其鳥為鵌、其鼠為鼵。鼵如人家鼠而短尾。鵌似鵽而小、黃黑色、入地三四尺、鼠在內、鳥在外。今在隴西首陽縣鳥鼠同穴山中。孔氏尚書傳云、共為雄雌。張氏地理記云、不為牝牡。

鸛鶇 翪翔翬 蹼企 縮亢嗉 鳼鸋鷚 雄雌鶹鷅 禽獸鵙 倉庚 麋麔麎麇躔狄鹿

鸛鶇、鶌鶋。如鵲、短尾、射之、銜矢射人。或說曰、鸛鶇、鶌鶋、鶋一名嘍羿。鵲鶪醜、其飛也翪。竦翅上下。鳶烏醜、其飛也翔。布翅翱翔。鷹隼醜、其飛也翬。鼓翅翬翬然疾。鳧鴈醜、其足蹼。腳指間有幕蹼屬相著。其踵企。飛即伸其腳跟企直。烏鵲醜、其掌縮。飛縮腳腹下。亢、鳥嚨。嚨謂喉嚨。亢即咽。其粻、嗉。嗉者受食之處、別名嗉、今江東呼粻。鶉子鳼、鴽子鸋。別鶉鴽雛之名。雉之暮子為鷚。晚生者今呼少雞為鷚。鳥之雌雄不可別者、以翼右掩左、雄。左掩右、雌。鳥少美長醜為鶹鷅。鶹鷅猶留離、詩所謂留離之子。二足而羽謂之禽、四足而毛謂之獸。鵙、伯勞也。似鶷鶡而大、左傳曰伯趙是。倉庚、黧黃也。其色黧黑而黃、因以名云。

釋獸第十八

麋、牡麔、牝麎、其子麇。國語曰、獸長麑麇。其跡躔。腳所踐處。絕有力、狄。鹿、

麚麀麛速麉麕麌
麜麆解豣狼[2]貛
獥迅嬎迒欣豬
⿰豕隋幺豱
豵師特橧豥
刻豟豝
虥貓貘
甝虪
貀
鼳小驢

牡麚、牝麀。其子麛。其跡速。絶有力、麉。麕。牡麌、詩曰、麀鹿麌麌。鄭康成解即謂此也、但重言耳。牝麜。其子麆。其跡解。絶有力、豣。狼。牡貛、牝狼。其子獥。絶有力、迅。兔子嬎。俗呼曰鱸。其跡迒。絶有力、欣。豕子豬。今亦曰彘、江東呼豨、皆通名。⿰豕隋、豶。俗呼小豶豬為⿰豕隋子。幺、幼。最後生者、俗呼為幺豚。奏者豱。今豱豬短頭、皮理腠蹙。豕生三、豵。二、師。一、特。豬生子常多、故別其少者之名。所寢、橧。橧、其所臥蓐。四豴皆白、豥。詩云、有豕白蹢。蹢、蹄也。其跡刻。絶有力、豟。即豕高五尺者。牝、豝。詩云、一發五豝。虎竊毛謂之虥貓。竊、淺也。詩曰、有貓有虎。貘、白豹。似熊、小頭、庳腳、黑白駁、能舐食銅鐵及竹骨、節強直、中實少髓、皮辟濕。或曰豹白色者別名貘。甝、白虎。漢宣帝時、南郡獲白虎、獻其皮骨爪牙。虪、黑虎。晉永嘉四年、建平秭歸縣檻得之。狀如小虎而黑、毛深者為斑。山海經云、幽都山多玄虎玄豹。貀、無前足。晉大康七年、召陵扶夷縣檻得一獸、似狗、豹文、有角、兩腳、即此種類也。或說貀似虎而黑、無前兩足。鼳、鼠身長須而賊、秦人謂之小驢。鼳似鼠而馬蹄、一歲千斤、為物殘賊。熊虎醜、

狗㺜隸貆 貗貔豰麝父 豺貙獌羆 麢麠 麔 魋猰貐 狻麑 驨騏 羱麐 猶貄

其子狗。絕有力、㺜。律曰：捕虎一，購錢三千，其狗半之。貍子、隸。今或呼豾貍。貈子、貆。其雌者名㺃。今江東呼貉為㹶㺥。貒子、貗。貒，豚也。一名貛。貔，白狐。其子豰。一名執夷，虎豹之屬。麝父，麕足。腳似麕，有香。豺，狗足。腳似狗。貙獌，似貍。今山民呼貙虎之大者為貙豻。音岸。羆，如熊，黃白文。似熊而長頭高腳，猛憨多力，能拔樹木。關西呼曰貑羆。麢，大羊。麢羊似羊而大，角員銳，好在山崖間。麠，大麃，牛尾，一角。漢武帝郊雍，得一角獸若麃然，謂之麟者，此是也。麃即麞。麔，大麕，旄毛，狗足。旄，毛獵長。魋如小熊，竊毛而黃。今建平山中有此獸，狀如熊而小，毛麤淺赤黃色，俗呼為赤熊，即魋也。猰貐，類貙，虎爪，食人，迅走。迅，疾。狻麑，如虦貓，食虎豹。即師子也，出西域。漢順帝時疏勒王來獻犎牛及師子。穆天子傳曰：狻猊日走五百里。驨如馬，一角，不角者，騏。元康八年，九眞郡獵得一獸，大如馬，一角，角如鹿茸，此即驨也。今深山中人時或見之，亦有無角者。羱如羊。羱羊似吳羊而大，角，角橢，出西方。麐，麕身，牛尾，一角。角頭有肉。公羊傳曰：有麕而角。猶如麂，善登木。健上樹。貄，脩毫。毫，毛。

貙兕犀　彙狒狒　蹯内蒙頌　猱玃父　威夷麐麠　贙虪　蜼　時猩猩　闕洩

長。貙、似貍。今貙虎也。大如狗、文如貍。兕、似牛。一角、青色、重千斤。犀、似豕。形似水牛、豬頭、大腹、庳脚、脚有
三蹄、黑色。三角、一在頂上、一在額上、一在鼻上。鼻上者、即食角也。小而不橢、好食棘。亦有一角者。彙、毛刺。今蝟、狀似鼠。狒狒、
如人、被髮、迅走、食人。梟羊也。山海經曰、其狀如人、面長脣黑、身有毛、反踵、見人則笑。交廣及南康郡山中亦有此物、大者
長丈許、俗呼之曰山都。貍、狐、貒、貈醜、其足蹯。皆有掌蹯。其跡内。内、指頭處。蒙頌、猱
狀。即蒙貴也。狀如蜼而小、紫黑色、可畜、健捕鼠、勝於貓。九眞日南皆出之。猱亦獼猴之類。猱、蝯、善援。便攀援。玃父、
善顧。貑玃也。似獼猴而大、色蒼黑、能玃持人、好顧盼。威夷、長脊而泥。泥、少才力。麐麠、短脰。脰、項。
贙、有力。出西海大秦國、有養者、似狗、多力、獷惡。虪、迅頭。今建平山中有虪、大如狗、似獼猴、黃黑色、多髯鬣、好奮迅其頭、[十二]
能舉石擿人、玃類也。蜼、卬鼻而長尾。蜼似獼猴而大、黃黑色、尾長數尺、似獺、尾末有岐、鼻露向上、雨即自縣於樹、以尾塞鼻、
或以兩指。江東人亦取養之、爲物捷健。時、善乘領。好登山峯。猩猩、小而好啼。山海經曰、人面豕身、能言
語。今交阯封谿縣出猩猩、狀如貛㹠、聲似小兒啼。闕洩、多狃。説者云脚饒指。未詳。

寓屬

鼢鼠 鼸鼠 鼷鼠 鼶鼠 鼬鼠

鼩鼠 鼭鼠 鼣鼠 鼫鼠

鼤鼠

鼮鼠 鼰鼠

鼠屬

齝 齥 齸

嗉 嗛

齸屬

釁 撟 須 狊

寓屬

鼢鼠地中行者。鼸鼠以頰裏藏食。鼷鼠有螫毒者。鼶鼠夏小正曰：鼶鼬則穴。鼬鼠今鼬似鼦，赤黃色，大尾，啖鼠，江東呼為鼪。音牲。鼩鼠小鼱鼩也，亦名䶄鼩。鼭鼠未詳。鼣鼠山海經說獸云：狀如鼣鼠。然形則未詳。鼫鼠形大如鼠，頭似兔，尾有毛，青黃色，好在田中食粟豆，關西呼為鼩鼠，見廣雅。音瞿。鼤鼠、鼨鼠皆未詳。豹文鼮鼠鼠文彩如豹者。漢武帝時得此鼠，孝廉郎終軍知之，賜絹百匹。鼰鼠今江東山中有鼰鼠，狀如鼠而大，蒼色，在樹木上。音巫覡。

鼠屬

牛曰齝，食之已久，復出嚼之。羊曰齥，今江東呼齝為齥。音漏洩。麋鹿曰齸。江東名咽為齸。齸者，齥食之所在，依名云。鳥曰嗉，咽中裹食處。寓鼠曰嗛。頰裏貯食處。寓謂獮猴之類寄寓木上。

齸屬

獸曰釁，自奮釁。人曰撟，頻伸夭撟。魚曰須，鼓鰓須息。鳥曰狊。張兩翅皆氣體所須。

須屬
騊駼馬 野馬 駮
騉蹄
騉駼 盜驪
駥 馵
驓 首 騱 翑
啓 踦 驤 馵
騵 驈 驠 騴
駺 白顛 縣

須屬、

釋畜第十九

騊駼馬。山海經云、北海內有獸、狀如馬、名騊駼。色青。野馬。如馬而小、出塞外。駮如馬、倨牙、食虎豹。山海經云、有獸名駮、如白馬、黑尾、倨牙、音如鼓、食虎豹。騉蹄、趼、善陞甗。甗、山形似甑、上大下小。騉蹄、蹄如趼而健上山。秦時有騉蹄苑。騉駼、枝蹄、趼、善陞甗。騉駼亦似馬而牛蹄。小領盜驪。穆天子傳曰、天子之駿、盜驪、綠耳。又曰、右服盜驪。盜驪、千里馬。領、頸。絕有力、駥。即馬高八尺。膝上皆白、惟馵。四骹皆白、驓。骹、膝下也。四蹢皆白、首。俗呼為踏雪馬。前足皆白、騱。後足皆白、翑。前右足白、啓。左傳、啓服。左白、踦。前左脚白。後右足白、驤。左白、馵。後左脚白。易曰、震為馵足。䮝馬白腹、騵。䮝、赤色黑鬣。驪馬白跨、驈。驪、黑色。跨、髀間。白州、驠。州、竅。尾本白、騴。尾株白。尾白、駺。俱尾毛白。馰顙、白顛。戴星馬也。白達素、縣。素、鼻莖也、俗所謂漫爐徹齒。面

駹　宜乘

減陽　茀方　闋廣　居馻

騋　驪　玄駒

騭　騇　駁　騜

騝　騽　駽　驒

騥

駂　駓　駰　騅

騢　駱

駩　騧　瞯　魚

差

顙皆白，惟駹。顙，額。回毛在膺，宜乘。樊光云：俗呼之官府馬。伯樂相馬法，旋毛在腹下如乳者，千里馬。在肘後，減陽。在幹，茀方。幹，脅。在背，闋廣。皆別旋毛所在之名。逆毛，居馻。馬毛逆刺。騋牝、驪牡。詩云：騋牝三千。馬七尺已上為騋，見周禮。玄駒，褭驂。玄駒，小馬，別名褭驂耳。或曰：此即騕褭，古之良馬名。牡曰騭，今江東呼駁馬為騭。音質。牝曰騇。草馬名。駵白，駁。黃白，騜。詩曰：騜駁其馬。駵馬黃脊，騝。驪馬黃脊，騽。皆背脊毛黃。青驪，駽。今之鐵驄。青驪驎，驒。色有深淺，斑駁隱鄰，今之連錢驄。青驪繁鬣，騥。禮記曰：周人黃馬繁鬣。繁鬣，兩被毛，或云美髦鬣。驪白雜毛，駂。今之烏驄。黃白雜毛，駓。今之桃華馬。陰白雜毛，駰。陰，淺黑。今之泥驄。蒼白雜毛，騅。詩曰：有騅有駓。彤白雜毛，騢。即今之赭白馬。彤，赤。白馬黑鬣，駱。禮記曰：夏后氏駱馬黑鬣。白馬黑脣，駩。黑喙，騧。今之淺黃色者為騧馬。一目白，瞯。二目白，魚。似魚目也。詩曰：有驔有魚。既差我馬。差，擇也。宗廟齊毫，尚純。戎事齊力，尚強。田獵齊

馬屬
摩牛 犦牛
犤牛 犩牛 犣牛
犝牛 犑牛 觭
䚛 犉 牰 犚
牧 犈 犢 牬
欣犌
牛屬
羊 羒 牂 夏羊 羭 羖

足。尚疾。

馬屬

摩牛。出巴中、重千斤。犦牛。即犎牛也、領上肉犦胅起、高二尺許、狀如橐駝、肉鞍一邊、健行者日三百餘里。今交州合浦徐聞縣出此牛。犤牛。犤牛庳小、今之㹀牛也。又呼果下牛、出廣州高涼郡。犩牛。即犪牛也、如牛而大、肉數千斤、出蜀中。山海經曰、岷山多犪牛。犣牛、旄牛也。髀、膝、尾皆有長毛。犝牛。今無角牛。犑牛。未詳。角一俯一仰、觭。牛角低仰。皆踊、䚛。今豎角牛。黑脣、犉。毛詩傳曰、黃牛黑脣、此宜通謂黑脣牛。黑眥、牰。眼眥黑。黑耳、犚。黑腹、牧。黑腳、犈。皆別牛黑所在之名。其子、犢。今青州呼犢爲㸬。體長、牬。長身者。絕有力、欣犌。

牛屬

羊。牡、羒。謂吳羊白羝。牝、牂。詩曰、牂羊墳首。夏羊、黑羖䍽。牡、羭。黑羝也。歸藏曰、兩壺兩羭。牝、羖。今人

觤羷播羊 羜奮 羊屬 猣師玂狗獫 猲獢狣尨 狗屬 蜀雓僆 奮 雞屬 駥犉羬

便以牂羖爲白黑羊名。角不齊，觤。一短一長。角三觠，羷。觠角三匝。羳羊，黃腹。腹下黃。未成羊，羜。俗呼五月羔爲羜。絕有力，奮。

羊屬

犬生三，猣；二，師；一，玂。此與豬生子義同，名亦相出入。未成毫，狗。狗子未生韓毛者。長喙，獫；短喙，猲獢。詩曰：載獫猲獢。絕有力，狣。尨，狗也。詩曰：無使尨也吠。

狗屬

雞大者蜀。今蜀雞。蜀子，雓。雞子名。未成雞，僆。今江東呼雞少者曰僆，音練也。絕有力，奮。諸物有氣力多者無不健自奮迅，故皆以名云。

雞屬

馬八尺爲駥。周禮云：馬八尺已上爲駥。牛七尺爲犉。詩曰：九十其犉。亦見尸子。羊六尺爲羬。

豟
獒
鶤
六畜

尸子曰、大羊為羬六尺。彘五尺為豟。尸子曰、大豕為豟五尺。今漁陽呼猪大者為豟。狗四尺為獒。公羊傳曰、靈公有害狗謂之獒也。尚書孔氏傳曰、犬高四尺曰獒。即此義。雞三尺為鶤。陽溝巨鶤、古之名雞。

六畜

爾雅卷下

經三千一百一十三字
注七千八百九十字

爾雅音釋卷下

釋草第十三

藿育韭九茖革葱忩葝巨盈䪥離蒚力薜百蘄芹椵段蓳謹櫬䙺

薊計枹孚葥箭蓫遂菉綠蔏商藋徒的蘩煩皤婆菣去刃蔚尉萆方寐

莞官菥惜蓂覓蒤途瓠戶故瓣方莧茹如藘力居蓏力果萑隹蓷他回虉逆

粢咨衆終秫述菽叔莌悅轉蘥藥蘾戶怪蕵孫萰練菟兔荄核蒵兮

蔩演茢列薽眞豕傷氏荓抛藱胡罪葖他忽蘆羅萉蒲北[illegible]勑茵因簜蕩

芘禰茋底絰待節菅姦菲匪芴物葍福蕌富萎威蒟劬芏他丁熒迴

蕭四善葴針薢皆茩狗芵決茪光莁巫荑夷蔱殺蘠牆瓞大結瓝步角

芍戶了蘱類薡鼎蕫董蕛嗁苵大結薈會蓼了蓧他凋蓨惕虋門芑起

秠孚鄙稃敷秼杜蕢瓆夫扶藆蹇藅伐莔萌荍翹蚍毗衃浮蕇典

蔜五高蕿嫂蘛縷莌奪蘢聾葑方孔蓯總蒡旁蒠忍莤由蓾魯蔖才古

桂圭夫扶隧遂蘧巨俱蔬山俱茝昌改蘮計蒘如髦毛蕀棘藋貫蕁徒南

莐沉蕍俞蕮昔菌巨隕藿霍莥女九薃浩媞提莞官蓠力茄加蕸遐

蔤密華戶瓜菡戶感萏徒感薏憶蘬丘軌蒫才何黂扶刃枲胥以菲匪蒠息蕢巨貴

蘼美萹偏藥爍衆終莙其隕藻早蓫他六薚他羊苹平蓱瓶莃希蘈吐回

蔶頳藚續藾賴蔆凌蘪眉薜百䕢贊葥翦莓每藫潭蘜菊蓨他惆

茥奎蒛缺葐盆芨急瀐織菺肩蘻計蕧服莩孚蕛大弟茈子爾脫奪

蘵職蒢除藒挈芞乞䔢尾蔠終菋未荎直其藸除蒤徒䕫圭瘶繩

衱劫袶絳攫钁盱吁蒾米蔜五刀涷東䆃逵菌巨隕䔲輒苕調蔈標

茇(沛)虋(眉)𣀔(朔)鄰(吝)藺(閵)荼(徒)笐(杭)箈(待)枹(包)芏(杜)綦(其)葴(斟)

苄(戶)遬(速)菤(捲)蘮(繫)蒘(亡)藨(蒲苗)麃(平表)蔜(亦)購(古豆)蔂(力朱)茢(列)蔦(鳥了)

菟(冤)茦(冊)刺(次)萩(秋)銚(姚)芅(亦)芣(浮)苢(以)綸(古頑)芄(亡岡)蠡(禮)萿(古活)

搴(居展)拒(巨)朐(劬)芙(楔)荂(吁)葽(方腰)猋(必遙)藨(方驕)芀(調)蒹(兼)薕(廉)菼(他敢)

薍(五患)虇(丘阮)蕍(俞)芛(羊捶)葟(皇)葋(于閔)茭(胡巧)

釋木第十四

稻(叨)榎(賈)樗(丑於)椈(菊)髡(坤)梱(五門)椵(段)杝(夷)柟(而占)柀(彼)煔(衫)櫠(廢)

椵(賈)杻(女九)檍(億)楙(茂)椋(良)栵(例)栭(而)檴(鑊)楥(袁)枊(卬)栩(香羽)杼(嘗汝)

莖(直之)著(儲)櫙(歐)荎(大結)槔(皐)綦(其)朹(求)繫(計)朻(糾)榽(兮計)榼(許兮)梫(寢)

棆(倫)椐(祛)樻(起愧)櫐(壘)攝(涉)檵(計)梗(庚)欇(輒)寓(魚具)梂(求)檖(遂)楔(戛)

榹斯 要腰 樲二 洗屑典 塡田 泄屑 還旋 棯稔 樸卜 棪琰 樕速 櫰苦回

槐懷 聶輒 杬呼郎 椅於寄 楝山厄 瘣胡罪 遒徂由 棫域 桵人隹 樆离 辨片 枌墳

栘移 檿烏點 柛伸 椔側吏 棤錯 散烏 梢朔 櫂濁 樅七容 榝殺 華胡化 疐帝

欑子管 繚了 檄亦

釋蟲第十五

螜斛 蜚費 蠦盧 蜰肥 螾引 衍演 蜩調 蚻札 蠽節 蝒縣 蜓挺 蚞木

蛣起吉 蜣羌 蝎曷 蝠屈 蠰餉 蜉浮 蝣遊 蛂步結 蟥黃 蛢幷瓶 蠸權 父甫

蝚柔 蛖武江 螔施 蝆亡婢 蟷丁郎 蠰穡 蜱毗 蛸消 蝍即 蛆子余 蝝緣 蝮孚福

蜪陶 蛬拱 蟼驚 蛝閑 䗭棧 蛗阜 螽終 蠜煩 蜤斯 蜙松嵩 蝑胥 蟿契

蚸歷 蠰壤 螼羌引 蜸苦顯 蚕他典 貈鶴 蛑謀 虰丁 蛵馨 蜭戶感 蟔墨 蛅而占

蟴斯蟠煩蟫淫蛓姚螒汗蚚祈蜉劣蟡商螝龜蜆演螘魚綺蠪龔

朾丁直耕螱尉蚳坻蠹秋鼅知鼄誅蝥謀蠭蜂蟦費蝤囚蛜伊蠨蕭

蛸所交蟜巨綺蛭至秩蠖於郭蚇尺螟冥蛉零蛁照灼蚅厄蠋蜀蠓莫孔蠛亡結

蛈大結蝪湯蟓象雔讎蚢杭蒼之庶蠦呼暇螢俞蟘特蟊謀豸丈爾

釋魚第十六

鱣張連鰋偃鯇華板鮀陀鮂囚鰦玆鰼習鰌秋鰹堅鮦同鮵奪魾丕皮

鱯畫鮡兆鰝浩鰕霞鱀忌鱦承鮥洛鮛叔鮪偉鮥俱救魱互胡鯬列

鱴滅鱊聿鮬步鱖厥鱆章酉鰴暉魵墳鮅必鱒寸損魴方房魾丕毗鯬黎

鯠來蜎狂究蠉香究蟣祈鼁去酋鼀秋蟾占黽猛蜌陛蠯蒲猛能奴來賁奔

蚹附蠃羅螔移蝓俞蜬含螖滑蠌擇蟧勞跳遥倪五計䰿標魧亢抗

鱝積貾池蚆巴頯巨軌蜠求隕蟦責楕他果蠑榮螈原蜥昔蜴亦蝘偃
蜓徒典镻迭蝁烏洛螣朕螣騰蟒莽擘柏攝輒筮誓

釋鳥第十七

鳺方扶鴀方浮鶌居物鶻骨鵃嘲鳲尸鴶古八鵴菊鵖及鵧符悲鴡七徐鵅格
鵋忌鵙欺鵵兔⿰五鳥五鷚亡侯鸙藥鵱六鷜力于鴰古活鵅洛鸔剝鶩木
鳽額鵁交鶄精鵛經鵌徒鵜啼鴮烏鸅澤鶾汗鷽握鷣淫鶨丑絹
鳹巨炎鳸戶鴳晏鷯力彫鴱艾鸒預鵯匹脰豆鴽如鴾謀巂攜鳦乙
鴟尺之鷂遥鸋寧鴂決梟嬌鶛皆鷇古候噣啄鶵仕俱縣玄鳻汾鶞勅倫
唶即嘖責鵖彼及鴔皮及鵀女金鶭丏往鷀慈鷧於計庳脾鸍施鴢拗鵁許交
鵽丁刮雈丸鶟突鶘胡鷸聿鸀濁鸇之然鷢巨月鷏田蟁文鷉梯鸁螺

䴈吾鴶結大鵏步枝啟鶆來鵹離鴷列鷻激鶶唐鷵徒鉏鋤鷂遥
鷮驕鳪卜鸐狄鶾汗鵫罩丁翬暉鸀儔鶅緇鵗希鷷遵鵌徒鶟突
鸛歡鷒團鶝福鶔柔射十食亦鵙工役翪宗鳶玄蹼卜亢戶郎嗉素鳼文
鷚力救別彼列長丁文鶹留鷅栗鵹力知

釋獸第十八

麔咎麎辰麃於兆麚加麀於牛麛迷麉堅麇君麌魚矩麆助麜栗豣五見
獥亦嬎芳萬迒剛猬偉豶墳幺腰奏湊豱溫豵宗槽緒豴滴豥垓
豟厄豝巴虥棧貓苗貘陌甝含虪式六貀尼滑鼳古役麙嚴貄曳貈乎各
貆丸貒湍貗其禹貔毗豰火卜父甫貙樞獌萬麢零麠京麃炮麡几
旄帽魋頹猰烏八貐羊主驨胡圭豲元麐鄰麂几貄四彙謂刺次狒費

被備 蹯煩 厹鈕 猱奴刀 蝯袁 玃钁 父甫 泥奴細 贙鉉 豦據 蜼誄 乘承

闕其越 狃鈕 鼢憤 鼸胡忝 鼷奚 鼶斯 鼬佑 鼩劬 鼭時 鼣吠 鼫石 鼤問

鼨終 鼮廷 鼳古覓 齝丑之 齛泄 齸益 釁許靳 撟紀小 狊古闃

釋畜第十九

騊陶 駼徒 倨鋸 騉昆 趼五見 甗言 駥戎 馵注 骹敲 驓繒 騱奚 翑劬

踦欺 驤箱 騮留 騵五官 驈聿 驠宴 騴晏 駺郎 馰的 縣玄 駹尨 減古湛

闋欽 廣光 馻究 褭奴了 驂參 騇舍 騝虔 騽習 駽呼縣 驎良忍 驒陀 鬣獵

騥柔 鴇保 駓丕皮 駰乙巾 騢遐 駩詮 喙許穢 騧瓜 瞯閑 差叉 犘麻 犦雹

犤悲 犩危 犣獵 犝童 犑古覓 犄欺 觢誓 犉旬閏 眥才細 牰柚 犚尉 犈權

㹀貝 犌加 羒憤 牂臧 羭俞 羖古 觤鬼 觠權 羷險 羳煩 羜直呂 猣宗

玁所獫力驗猲歇狣兆獢虛嬌雓餘僆練駥戎犉閏句羬五咸彘滯豟厄

獒五刀鶤昆

爾雅音釋卷下

道光甲申春仲從
藝芸書舍借來細勘一過知其佳處
洵非以後諸刻所能及也
思適居士顧千里記
異日當并單
本郡疏再勘
三月朔又記

編者注

* 詞頭右下角的數字表示該詞在同一行内作爲被釋詞的出現次數。

〔一〕頁一行六「田」當爲「曰」，宋監本、影宋蜀大字本不誤。

〔二〕頁八行六「頫」當爲「覜」，宋監本、影宋蜀大字本皆作「覜」。阮元校勘記云：「釋文、唐石經、單疏本、雪牕本、元本作覜，當據以訂正。按《説文·見部》：覜，視也。本此。《頁部》：頫，低頭也。大史卜書頫仰字如此。義別。」

〔三〕頁八行八「底」與上「底」字重複，當爲「底」。宋監本、影宋蜀大字本作「底」，周祖謨《爾雅校箋》云「宋刻十行本字作『底』，非」。

〔四〕頁十二行二「緒」當爲「縮」。宋監本、影宋蜀大字本皆作「縮」。

〔五〕頁二十一行十「祈」當爲「祁」，蓋涉音近而誤。宋監本、影宋蜀大字本皆作「祁」。

〔六〕頁二十二行七「瘦瘦」當爲「瘐瘐」，形近而誤。宋監本、影宋蜀大字本、宋刊單疏本皆作「瘐瘐」。

〔七〕頁五七行六「溼」當爲「隰」。阮元校勘記云：「單疏本作『下者曰隰』，云『本作溼，誤』。按，《詩·車鄰》正義引『下者曰隰，李巡曰隰，溼也』，是李本作隰字。據注引《公羊傳》作隰，知郭本同。」

〔八〕頁五九行七「云」當爲「亡」。宋監本、影宋蜀大字本皆作「亡」。《史記·六國年表》周顯王三十三年下云「宋太丘社亡」。

〔九〕頁七二行九「上」當爲「土」，形近而誤。宋監本、影宋蜀大字本皆作「土」。

〔一〇〕頁七四行五「祖曰」之「曰」當爲「日」，形近而誤。邢昺疏云：「言零陵郡人且日事之，使科大若樹然也」。《山海經》卷五升山「多寇脱」下郭注云：「零桂人植而日灌之以爲樹也」。可供參考。

〔一一〕頁七八行十「二」當爲「云」字之缺刻。宋監本、影宋蜀大字本皆作「云」。

〔一二〕頁九七行七「如奮迅」當作「好奮迅」。宋監本、影宋蜀大字本「如」皆作「好」。邢昺疏云：「好奮迅其頭，故曰迅頭。」

音序索引

一、本索引收録《爾雅》正文中的被釋詞或中心詞，所有條目均標明所在頁碼及行數，如“哀哀”在第 23 頁第 7 行，即標 23.7。詞條分列兩行者，以詞條首字所在行數爲準。

二、所有詞條按漢語拼音順序排列，同音詞按出現先後順序排列，多音詞亦按出現先後順序依次排列於首字下。索引中的注音是爲方便檢索而設，不對讀音做嚴格考證，故或與《音釋》不一。

三、原書中的異體字、避諱缺筆字、習見之譌字統一按正體編製索引。涉及不同版本的文字校勘，按原書字形編製索引，如第 8 頁第 6 行“頩”當作“䫜”，但編製索引時仍按原書作“頩”。

A

āi

哀哀 23.7

ǎi

藹藹 21.5
23.4

ài

艾 11.2
11.2
11.5
74.3
薆 15.5
僾 15.5
餲 42.7
鴱 91.4

ān

安 8.8
12.6
12.7
安寧 47.5

àn

按 8.8
陪 18.5
岸 60.3
60.5

áng

卬 5.1

áo

敖敖 22.6
磝 61.7
蔜 74.5
獒 103.1

ǎo

芺 79.4

ào

敖 13.7
奥 37.10

B

bā

八陵 55.4
蚆 89.3
豝 95.6

bá

拔 6.2

薛 71.8	憯 15.4	**chāi**	琛 15.8	黎 20.6
73.3	慘慘 22.7	差 6.8	**chén**	遅遅 21.10
77.8	**càn**	100.10	諶 3.4	坻 64.6
bǔ	粲 17.8	**chái**	3.4	蚔 86.1
卜 5.3	粲粲 23.6	豺 96.3	晨 7.9	**chǐ**
鳲鳩 93.5	**cāng**	**chān**	塵 10.1	誃 13.2
bù	蒼天 46.10	襜 42.3	煁 16.5	**chì**
不俟 24.3	鶬 90.9	**chán**	陳 39.10	敕 7.3
不遄 24.3	倉庚 93.1	單閼 48.5	晨風 92.8	熾 18.2
不徹 24.4	94.8	欃槍 51.9	麎 94.10	饎 24.5
不辰 26.1	**cǎo**	躔 94.10	**chèn**	赤奮若 48.7
步 40.4	慅慅 22.1	**chǎn**	稱 16.1	赤枹薊
46.4	草蟲 85.4	產 46.3	櫬 82.2	77.5
布 52.3	草龍龕	**chāng**	**chēng**	**chōng**
79.2	86.2	昌 9.8	僜 16.1	傭 16.3
不湑 60.3	**cè**	昌丘 59.3	僜僜 21.8	忡忡 22.8
不蜩 84.10	畟畟 22.9	**cháng**	赬 44.9	罿 41.7
不過 85.1	**cén**	嘗 7.7	檉 81.1	41.7
C	岑 61.1	52.1	**chéng**	**chóng**
cái	**céng**	場 39.10	誠 3.4	崇 4.7
裁 19.5	驔 99.7	長嬴 47.4	棖丘 58.8	4.7
cǎi	**chā**	長楚 78.9	盛 61.5	6.1
寀 4.5	鍤 41.2	常棣 83.1	乘泭 64.1	爞爞 22.5
采 4.5	**chá**	**cháo**	**chī**	崇期 40.3
采薪 82.3	察 10.10	巢 45.8	鴟鴞 91.8	重光 48.2
cǎn	15.2	**chēn**	鴟 98.7	蟲 87.1
慘 7.2		綝 2.5	**chí**	**chōu**
			弛 9.3	� 10.9

觀	6.8	祪	12.5	海隅	54.8	蔄侯	75.1	**héng**	
	13.7	鬼	26.2	**hán**		鰝	87.6	恒	3.1
鰥	6.10	庪縣	52.2	蜬	88.7	**hé**			60.9
莞	75.2	氿泉	62.7		88.10	故	3.7	衡	60.9
綸	79.1	濆闢	62.7	虷	95.8	郃	3.7	**hōng**	
guǎn		厬	63.1	**hàn**		盇	3.7	薨	12.9
痯痯	22.7	觤	102.1	翰	9.6	合	3.8	烘	16.5
guàn		**guì**		感	10.9	曷	8.8	薨薨	21.6
貫	4.5	蹶	10.9	菡萏	75.4		18.5	**hóng**	
	10.1	蹶蹶	21.6	蛤	85.7	涸	10.3	弘	1.8
串	10.1	檜	83.5	翰	85.8	翮	43.4	宏	1.8
懽懽	23.9	**gǔn**		鶾	91.1	和	45.8	洪	1.9
藿	74.10	渾	11.5	鶾雉	93.6		46.4	鴻	10.4
灌木	82.7	袞	20.7	**háng**		河墳	55.3	虹	18.5
灌	84.2	緷	43.5	行	39.10	河	64.9	閎	39.6
guāng		**guó**		芫	79.2	河曲	65.2		39.8
洸洸	21.5	馘	11.7	蚢	86.9	荷	75.3	紅	75.5
guàng		國貉	86.5	航	89.1	核	83.9	**hóu**	
桄	14.2	**guǒ**		远	95.3	蝎	84.7	侯	1.8
guī		果	4.7	**hāo**			86.6		11.1
歸孫	29.6		88.9	蒿	72.2	**hè**		餱	14.5
閨	39.6	果臝	86.5		79.4	壑	6.6	鍭	44.3
珪	44.5	**guò**		**háo**		赫赫	22.1	**hòu**	
堇	76.7	過辨	62.7	號	17.5	謞謞	23.10	后	1.8
鮭	85.9	**H**			24.5	赫兮烜兮		**hū**	
巂周	91.7	**hǎi**		**hào**			24.8	嫵	1.9
guǐ		醢	42.10	皓	5.7	**hén**			2.2
垝	4.3			昊天	46.10	鞎	42.5		13.7

獥 95.3	斤斤 20.10	11.4	疚 6.10	覷 95.10
jiē	矜憐 25.9	競 14.9	就 9.1	臭 98.10
嗟 9.10	襟 42.1	徑 63.5	12.9	㹭牛 101.5
接 11.6	津 51.2	勁 72.3	舅 28.7	**jǔ**
喈喈 23.5	金石 55.7	**jiōng**	30.1	矩 3.1
揭 63.7	筋角 55.10	坰 57.4	救 41.8	3.2
63.8	**jǐn**	**jiǒng**	鮨 87.10	沮丘 59.3
鵁 91.9	饉 47.8	迥 4.2	麞 94.10	**jù**
92.4	**jìn**	4.2	麞麖 97.6	遽 13.3
jié	晉 5.4	熲 5.7	**jū**	寠 15.4
捷 4.7	蓋 5.4	14.2	鞠 8.6	瞿瞿 22.3
劫 5.8	覲 8.5	焭 73.4	13.8	劇旁 40.1
榤 38.7	**jīng**	**jiū**	14.7	劇驂 40.3
窫 38.10	京 1.9	究 2.9	鞫 14.5	虡 43.5
祮 42.2	58.10	14.5	居居 22.6	具區 54.8
節 46.8	驚 6.9	揫 6.3	罝 41.5	秬 73.10
蠽 84.6	兢兢 21.2	鳩 6.4	裾 42.1	貜 96.2
蛣蜣 84.7	京京 22.8	赳赳 21.5	且 49.5	豦 97.7
jiè	經 45.5	究究 22.6	娵觜之口	**juān**
介 1.8	旌 53.7	朻 83.6	51.5	蠲 15.10
2.5	旌旗 53.9	**jiǔ**	砠 61.10	捐 42.6
5.6	荊州 54.2	九罭 41.2	椐 81.1	**juǎn**
艐 2.2	廘 96.4	41.3	鵙鳩 90.6	卷耳 78.3
界 9.7	**jǐng**	九州 54.5	居駒 100.2	卷施草
悈 13.9	景 1.10	九府 56.3	**jú**	79.8
届 19.1	景風 47.6	九河 65.6	局 16.9	**juàn**
玠 44.6	螼 85.3	**jiù**	橘 49.1	蔨 75.1
jīn	**jìng**	咎 6.10	淈梁 55.2	
矜 14.6	靖 2.9		藕 76.6	
			鶪 94.7	

19.4	**niàn**	女妹 30.3	**pèi**	**pì**
náo	念　　7.6	女蘿 76.6	斾　53.6	甓　39.8
猱　97.5	**niè**	女桑 82.10	芾　77.7	**pián**
něi	枿　12.3	**nuó**	**pēng**	便便 21.1
餒　42.8	孽孽 21.9	那　　3.6	抨　11.9	**piàn**
ní	臬　38.6	6.8	**pí**	辨　45.2
齯齒 3.3	闑　39.7	**O**	肶　　8.2	**piāo**
尼　12.6	钀　42.6		埤　　8.2	飄　50.1
祝　41.10	篞　46.3	**ōu**	毗劉 9.4	**piáo**
鷑　43.1	蠥　72.2	蕰　80.8	紕　15.9	剽　46.1
泥丘 58.9	76.5	**ǒu**	蜱蛸 85.2	**pīn**
蜺　84.6	齧齒 91.2	偶　　3.7	蚍蜉 85.10	拼　11.9
鯢　89.7	**níng**	藕　75.5	**pī**	11.9
nǐ	寧　3.10	**P**	丕　　1.9	**pín**
尼　　8.8	9.2		丕丕 21.10	嬪　30.8
苨　73.2	疑　13.8	**pái**	坏　60.10	蘋　75.10
nì	冰　42.9	犤牛 101.4	秠　73.10	**pìn**
怒　　7.6	鸋　94.5	**pán**	魾　87.6	聘　18.9
17.1	**niú**	般　　2.7	駓　100.7	**pīng**
匿　　8.7	牛屬 101.9	**páng**	**pí**	甹夆 24.2
暱　12.6	**niǔ**	旁　74.6	痹　92.4	**píng**
14.2	狃　20.4	**pāo**	貔　96.2	平　8.10
逆　15.4	莥　75.1	薸　78.6	羆　96.3	9.3
㲄　18.5	杻　80.5	**páo**	**pǐ**	57.4
nián	**nòng**	袍　20.1	匹　　3.7	馮河 25.6
年　48.8	弄　18.8	**péi**	伾　　4.3	莑　72.9
鮎　87.4	**nǔ**	陪　16.5	14.1	萍　75.9
	女公 30.3			

榴 83.3		30.5		12.8	族曾王母		*zūn*
鷠 90.7	璅 94.2		12.9	28.4	遵 2.8
93.8	豵 95.5		12.9	*zǔ*	2.9
zǐ	燧 102.4		19.6	祖 1.6	81.10
呰 9.10	*zòng*	族父 27.3	28.4	鷷 93.9
秭 11.3	縱 12.1	族晜弟	阻 11.8	*zuǒ*
子子孫孫	*zōu*	27.3	組 79.1	左 5.5
23.3	諏 2.9	族祖姑	*zuān*	5.6
訿訿 24.1	陬 49.4	27.10	鑽之 83.10	5.7
姊 27.1	茦 77.6	族祖王母	*zuǎn*	*zuò*
笫 45.2	*zǒu*	28.1	纂 3.9	酢 9.4
zì	走 40.5	族祖母	*zuī*	作 14.5
莋 76.9	*zú*	28.3	厜㕒 61.4	作噩 48.6
zōng	卒 6.2	族曾王父		
宗族 28.5		28.3		

筆畫索引

一、本索引收録《爾雅》正文中的被釋詞或中心詞，所有條目均標明所在頁碼及行數，如“乙”在第 89 頁第 8 行，即標 89.8。詞條分列兩行者，以詞條首字所在行數爲準。

二、所有詞條按筆畫數多少依次排列，筆畫數相同的，按起筆筆形横豎撇點折的次序排列，起筆筆形相同的，按第二筆筆形依次排列，以此類推。

三、原書中的異體字、避諱缺筆字、習見之譌字統一按正體編製索引。涉及不同版本的文字校勘，仍按原書字形編製索引。

六畫

九畫

十畫

十一畫

十二畫

十三畫

十四畫

十五畫

十六畫

十七畫

十八畫

十九畫

二十畫

二十一畫

續	3.9	鰖	89.1	顯	5.7	鸎	92.7	鱸	95.8
鷥	92.2	鰹	87.6		8.5	纙	41.6	虋	98.10

二十二畫

		鰡	87.5		10.4	籠竉	86.1	糲	42.8
驊	100.5	獮	102.4	蠪	84.10	邉	40.10		
驕	99.7	戀	61.5	蠱	9.6	鷩斯	91.6	**二十七畫**	
驍	99.9	曡曡	4.9		43.1	鷟	91.2	驤	99.8
覿	8.5	蠶	85.10	蠰	84.8	鷙	93.3	鸘	93.3
懿	5.9	鷮雉	93.5	鷦雉	93.4	衢	40.2	豔	84.6
瓔	72.8	爐爐	22.5	齱鼠	98.2	貜	95.2	鑽之	83.10
蘩	76.8	灑	45.6	齤鼠	98.2	鰕	87.8	玃父	97.5
驚	6.9	鬻	20.2	齫鼠	98.2	鱧	87.5		
蘱	73.8	鷄	90.8	齝	3.7	鱣	87.4	**二十八畫**	
欉	81.3		94.5	鑠	5.9	鷹	93.2	驪	96.8
霾	50.2	**二十三畫**		鰶鲔	88.1	麕	96.4	鸛鷒	94.1
霽	50.8	攪	77.4	廥	75.6	**二十五畫**		鑯	42.6
躔	94.10		79.9	鷸	93.9	蘽	20.2	麠	96.4
躐	7.10	馨	45.8	蠾	15.10	釁	43.1	**二十九畫**	
穰穰	23.2	戁	6.9	蝨	85.10	鸃	92.4	驫	100.3
篷篨	25.7		10.9	**二十四畫**		齹	98.7	虋	73.9
鷦鳩	90.6	蘻	76.7	蘠	72.6	齹屬	98.9	鬱	18.7
覭	95.10	蘿	79.7	觀	6.8	饟	10.5	鷸	94.5
覭鼠	98.5	鷯	91.2		13.7	鸛	93.6	鬱陶	11.6
躤	93.9	鷭	92.4	鵁	92.8	**二十六畫**		**三十畫**	
鷵	10.7	齞齒	3.3	靈	88.8			癵	6.10
徽	88.2	齹	73.8	靈龜	89.9	驫	99.9		
矔	14.2	贊	97.7	鷺	93.4				